토기장이 하나님

Perceiving the Wheel of God

Perceiving the Wheel of God

by Mark Hanby

Copyright ⓒ 1994 by Mark Hanby

Published by Destiny Image
P.O. Box 310, Shippensburg, PA 17257-0310

Korean translation Copyright ⓒ 2010 by Pure Nard
2F 774-31, Yeoksam 2dong, Gangnam-gu, Seoul, Korea

The Korean edition is published by arrangement with Destiny Image.
All rights reserved.

본 저작물의 한국어판 저작권은 Destiny Image와의 독점 계약으로 한국어 판권은 '순전한 나드' 가 소유합니다.
저작권자의 허락 없이 이 책의 일부 또는 전체를 무단 복제, 전재, 발췌하면 저작권법에 의해 처벌을 받습니다.

토기장이 하나님

초판발행 | 2010년 10월 25일

지은이 | 마크 핸비
옮긴이 | 김호영

펴낸이 | 허철
편집 | 송혜숙
디자인 | 오순영
인쇄소 | 고려문화사

펴낸곳 | 도서출판 순전한 나드
등록번호 | 제2010-000128
주소 | 서울 강남구 역삼2동 774-31 2층
도서문의 | 02) 574-6702 / 010-6214-9129
편집실 | 02) 574-9702
팩스 | 02) 574-9704
홈페이지 | www.purenard.co.kr

ISBN 978-89-6237-076-8   03230

토기장이 하나님

마크 핸비 지음 | **김호영** 옮김

C·O·N·T·E·N·T·S

개요 Chapter Outline / 6

1장   하나님의 돌림판 이해하기 Perceiving the Wheel of God
      토기장이의 돌림판 The Potter's Wheel / 9

2장   불 The Fire
      내가 대장장이를 만들었노라 I Have Created the Smith / 27

3장   불이 타오르게 하라 Let the Fire Burn / 45

4장   과정 The Process
      나와 함께 십자가로 가자 Come with Me to the Sacrifice / 59

5장   과정 The Process
      떡을 떼는 순서 The Order of Breaking Bread / 81

6장   완성 The Finished Work
      제대로 고난받기 Suffering Successfully / 99

7장   완성 The Finished Work
      기름에서 순금으로 From the Oil to the Gold / 121

/ 개요 Chapter Outline /

 이 책의 1장에서는 우리가 하나님의 그릇이 되어가는 과정과 도자기가 토기장이의 돌림판 위에서 만들어지는 과정이 흡사함을 설명한다. 정신없이 돌아가는 돌림판 위에서 우리 모양이 형성되고 변형되는 동안 우리는 돌림판 위에 머물러 있기로 선택함으로써 하나님의 작품으로 완성될 수도 있고, 돌림판에서 튕겨져 나감으로써 하나님의 뜻과 그분이 주시는 평안을 거부할 수도 있다.

 2장과 3장에서는 우리가 강해지고 순전해지도록 불 시험을 보내거나 허락하셔서 우리를 정결하게 하고 단련시키는 분이 바로 하나님이심을 알려준다. 세례 요한과 예수님이 말씀하신 불세례는 짜릿한 기쁨이나 즐거움과는 거리가 멀다. 알곡에서 쭉정이를 걸러내기 위해 키질을 하고 불로 태우는 것처럼 하나님의 불은 잘못된 동기와 욕망을 불살라서 좋은 것과 나쁜 것, 뛰어난 것과 그런대로 괜찮은 것을 구분해낸다. 그리스도를 위해 그리스도와 함께 고난을 받는 것은 강력한 그리스도인의 성품을 갖추어 말씀이 요구하는 성화를 이루기 위해 꼭 필요하다.

4장은 기름 부음의 과정을 다룬다. 진정으로 하나님의 기름 부으심을 받으면 희생하는 삶을 살게 된다. 올리브 씨를 짜야 올리브기름이 나오는 것처럼 우리 속에 부어지는 하나님의 기름도 우리의 믿음에 대한 시험을 통해 짜내어진다. 그리고 기름 부음에 쓰이는 기름에 여러 가지 재료가 들어가는 것처럼 하나님의 기름도 우리의 고난과 기쁨의 모든 경험이 합쳐져서 만들어진다. 거기에는 또한 우리 삶의 수직적인 측면과 수평적인 측면을 표상하는 십자가의 형상이 들어있다. 그런데 그 두 측면에서 모두 하나님께 희생을 드리는 우리를 보면서 사람들은 불편한 느낌을 갖는다.

5장에서는 우리가 기쁨과 고통을 경험하는 것이 무질서한 세상에서 우연히 일어나는 일이 아님을 알려준다. 하나님은 우리에게 승리와 고난을 동시에 주신다. 고난 속에는 하나님이 뜻하시는 바가 있다. 그 뜻을 이해하면 시련의 과정을 헤쳐 나갈 믿음을 가질 수 있다.

고난은 피할 수 없는 것이다. 이성의 삶에서는 누구나 고난을 받게 되어있다. 타락한 세상에서 사는 모든 사람이 고통 속에서 살아가지만 그리스도의 고난에 동참하고자 하는 우리에게는 더더욱 그렇다. 그러므로 우리는 그런 고난을 제대로 통과하는 법을 배워야 한다. 이것이 6장의 주제다. 하나님이 토기장이시고 우리가 점토라는 사실, 그래서 우리에게 가해지는 압력과 불의 열기가 하나님의 목적과 영광으로 이끄는 역할을 한다는 사실을 확실히 깨달으면 어떠한 시험도 이겨낼 수 있다.

마지막으로 7장에서는 하나님이 우리를 부르실 때는 불순물을 제거하고 우리의 심령을 정결하게 하기 위해 시련과 박해가 같이 온다는 점을 다룬다. 고난을 이겨낸 사람만이 깊은 동정심을 가진 지도자가 될 수 있다. 그러기 위해서는 토기장이 하나님의 돌림판을 바라보아야 한다.

편집자(Destiny Image 출판사) 주: 본서는 지난 10여 년 동안 핸비 박사가 설교한 녹음 기록을 바탕으로 만들었다. 녹음된 내용을 주의 깊게 편집하였으며 본서의 주제를 개인적으로 더 깊이 공부하는 데 도움이 되도록 관련된 성경 구절을 제시하였다.

1장

하나님의 돌림판 이해하기

토기장이의 돌림판

Perceiving the Wheel of God

The Potter's Wheel

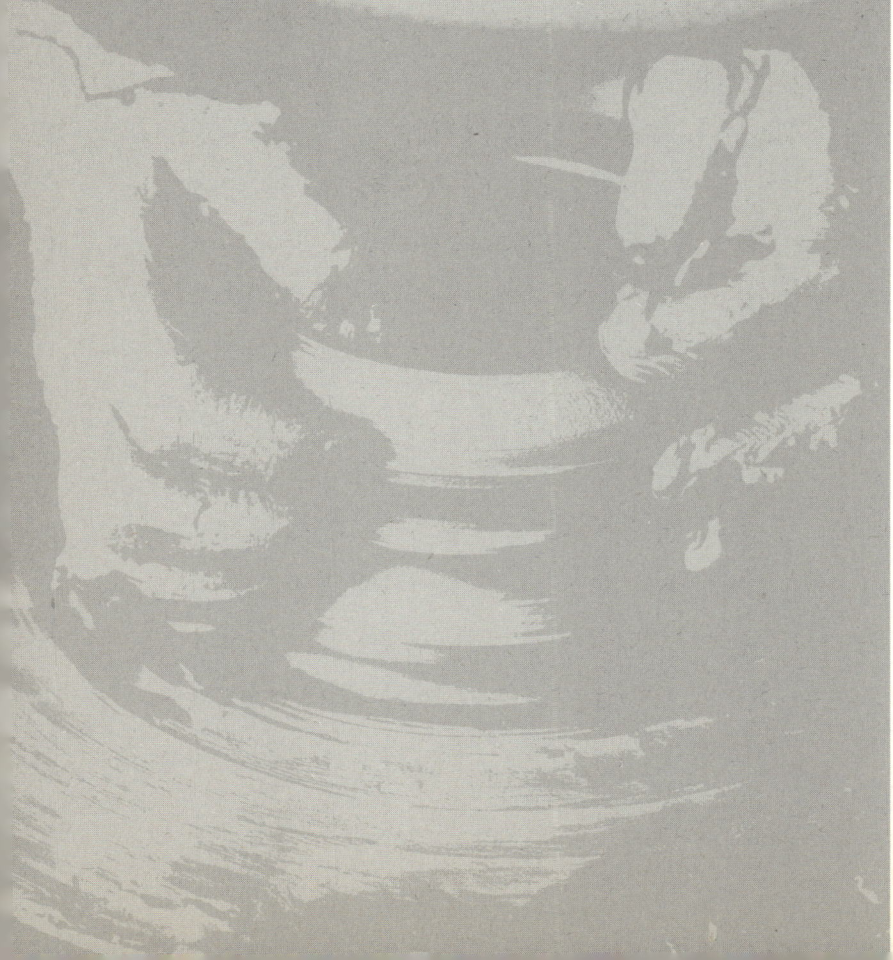

Perceiving the Wheel of God

하나님의 돌림판 이해하기
토기장이의 돌림판

Perceiving the Wheel of God
The Potter's Wheel

여호와께로부터 예레미야에게 임한 말씀에 이르시되 너는 일어나 토기장이의 집으로 내려가라 내가 거기에서 내 말을 네게 들려주리라 하시기로 내가 토기장이의 집으로 내려가서 본즉 그가 녹로로 일을 하는데 진흙으로 만든 그릇이 토기장이의 손에서 터지매 그가 그것으로 자기 의견에 좋은 대로 다른 그릇을 만들더라 그때에 여호와의 말씀이 내게 임하니라 이르시되 여호와의 말씀이니라 이스라엘 족속아 이 토기장이가 하는 것 같이 내가 능히 너희에게 행하지 못하겠느냐 이스라엘 족속아 진흙이 토기장이의 손에 있음같이 너희가 내 손에 있느니라(렘 18:1-6)

나는 전 세계의 교회를 향한 부담을 가지고 아침마다 기도를 해왔다. 나는 "하나님, 제가 주님의 뜻을 행하기를 원합니다!"라고 기도하는 것을 내 평생의 과업으로 정했다.

어느 날 주님이 내 마음에 분명하게 말씀하셨다. 마치 누군가가 나를 잡아 흔들어 돌려세운 뒤 말을 하는 것 같았다. "네가 먼저 하나님의 돌림판을 보지 않는다면 내 뜻을 결코 알지 못하리라."

나는 머뭇거리다가 말했다. "무슨 말씀을 하시는지 모르겠습니다."

그 일이 있고 나서 오랫동안 '하나님의 돌림판을 본다'라는 말이 무슨 뜻인지 곰곰이 생각해보았다. "먼저 하나님의 돌림판을 보지 못하면 하나님의 뜻을 결코 알지 못한다."

"하나님, 제가 하나님의 뜻을 행하기를 원합니다"[1]라는 기도는 세계 곳곳에서 매일같이 드려지고 있다. 목회자들은 언제 어디서나 그렇게 기도한다. 찬양을 인도하는 사람들도 찬양을 시작하기 전에 언제나 그런 기도를 한다. 하지만 하나님의 돌림판을 보지 않는다면 그분의 뜻을 결코 알 수 없다.

바퀴의 발명은 인간이 행한 최초의 창의적 활동에 속한다. 바퀴는 생산을 위한 도구였는데, 토기를 만드는 돌림판이 가장 먼저 만들어진 바퀴였다. 뱅뱅 도는 바퀴의 발명이 공업 생산을 가능하게 한 출발점이 되었다.

모든 생명체는 주기에 따라 순환한다. 인간의 생애 주기는 다른 생명체의 생애 주기와 맞물려있다. 나무의 생애 주기도 마찬가지다.

행성 체계도 순환한다. 순환 거리가 먼 행성도 있고 짧은 행성도 있지만 모든 행성은 원을 그리며 돈다. 지구는 태양 주위를 돌고 달은 지구 주위를 돈다. 태양계의 모든 행성은 무언가의 주위를 돈다. 하나님은 바퀴의 원리에 따라 세상을 창조하셨다.[2]

하나님의 나라에 속한 모든 것은 바퀴 위에 세워져있다. 당신이 그것을 보지 못한다면 하나님은 당신을 그분의 뜻에 따라 사용하실 수 없다. 당신은 자신이 바퀴 위에 있음을 알아야 한다. 당신에게 문제가 생겼다는 말이 아니다. 누군가가 당신을 지목해서 비난하고 있다는 말도 아니다. 토기장이이신 하나님의 손가락이 당신의 영혼 속에 놓여있다는 말이다.

어둠에서 빛으로 옮겨진 것[3]이 우리 삶의 근본적인 전환점임은 분명하다. 그러나 새로 태어나는 것만으로는 우리가 온전해지지 않는데 우리는 중생의 경험 외에 영적으로 더 필요한 것이 없다고 생각한다. 회개하고 용서함을 얻고 세례받고 성령 충만과 감격을 경험하는 것이 영적인 것의 전부는 아니다. 구원은 끝이 아니라 시작이다. 거듭남은 완성이 아니라 유아적인 삶의 시작을 의미한다.

> 그러므로 우리가 그리스도의 도의 초보를 버리고 죽은 행실을 회개함과 하나님께 대한 신앙과 세례들과 안수와 죽은 자의 부활과 영원한 심판에 관한 교훈의 터를 다시 닦지 말고 완전한 데로 나아갈지니라(히 6:1-2)

우리는 초보에 해당하는 것들을 경험한 다음에 완성을 향해 나아가야 한다. 교회가 이것을 발견하는 날이 영광의 날이 될 것이다. 우리에게는 영광스러운 회복을 얻게 하는 튼튼한 기반이 주어졌다. 이제 그 터 위에 세워져갈 수 있다.[4] 우리는 진리의 기반으로부터 시작하지만 그 위에 벽과 기둥과 지붕을 세워야 한다. 그 다음에 카펫도 깔고 마무리를 하여 건물을 완성할 수 있다. 기초를 닦았다고 건물이 완성되는 것은 아니다. 새 생명을 얻은 후에도 우리 속에 이루어가야 하는 것들이 남아있다.[5]

하나님의 돌림판을 보지 못한다면 우리는 혼란스러워하며 거듭나는 초기 경험에만 매달려 있으려고 할 것이다. 그러면 거듭남을 유지하는 데 급급하여 이웃을 사랑하지 못하므로 잃어버린 자들에게 다가갈 수 없다.

영적인 출발점에서 시작하여 진전을 이루어가는 사람들은 행하는 모든 일에 든든한 기반을 가지고 있다. "주님, 저의 삶을 향한 당신의 뜻을 구합니다"라는 기도—돈이나 지위가 아니라—가 그들이 하는 모든 결정의 기초다.[6] 하나님이 그들이 하는 모든 일의 기반이 되신다. 삶 전체가 하나님의 뜻을 중심으로 돌아가는 것이다.

하나님은 간절하게 구하는 기도에 응답하신다.[7] 우리가 하나님의 뜻을 알고자 기도한다는 것은 우리 자신을 대적하여 기도한다는 것을 의미한다. 하나님은 그분의 뜻을 구하는 기도를 들으시고 우리를 돌림판 한가운데로 던지신다. 하나님의 돌림판은 주님의 징계를 의미한다. 주님은 그분의 손을 우리 위에 얹으시고 우리 삶에 작업을 시작하신다. 당신이 토기장이 하나님의 돌림판 위에 놓여있다면 그분이 어떤 부분을 주무르시든 그분의 손길에 당신을 맡겨야 한다.[8] 징계를 받지 않는 것은 아버지로부터 자식으로 인정을 받지 못했다는 뜻이다.

> 또 아들들에게 권하는 것같이 너희에게 권면하신 말씀도 잊었도다 일렀으되 내 아들아 주의 징계하심을 경히 여기지 말며 그에게 꾸지람을 받을 때에 낙심하지 말라 주께서 그 사랑하시는 자를 징계하시고 그가 받아들이시는 아들마다 채찍질하심이라 하였으니 너희가 참음은 징계를 받기 위함이라 하나님이 아들과 같이 너희를 대우하시나니 어찌 아버지가 징계하지 않는 아들이 있으리요 징계는 다 받는 것이거늘 너희에게 없으면 사생자요 친아들이 아니니라 또 우리 육신의 아버지가 우리를 징계하여도 공경하였거든 하물며 모든 영의 아버지께 더욱 복종하며 살려 하지 않겠느냐 그들은 잠시 자기의 뜻대로 우리를 징계하였거니와 오직 하나님은 우리의 유익을 위하여 그의 거룩하심에 참여하게 하시느니라 무릇 징계가 당시에는 즐거워 보이지 않고 슬퍼 보이나 후에 그로 말미암아 연단받은 자들은 의와 평강의 열매를 맺느니라(히 12:5-11)

하나님은 그분이 받아들이는 모든 자녀를 징계하신다. 하나님의 부르심을 받고도 전혀 쓰임을 받지 못하는 사람들이 있다. 게으른 목회자들이 그런 종류의 사람들이다. 그들은 꼼짝하지 않고 있으면서 하나님의 빛을 가린다. 추수에 도움이 되지 않는 일꾼이다. 그런 사람들은 하나님의 뜻을 구하는 기도는 했을지 모르지만 그분의 돌림판을 바라보지는 못한 사람들이다. 하나님으로부터 오는 징계를 받기 전에는 하나님을 위해 어떤 일도 할 수 없다.

당신이 이 사실을 깨달았다면 모든 것이 다 잘 돌아가고 있다는 믿음을 가질 수 있다. 돌림판 위에 있다는 사실을 알면 어떤 질병이나 사고가 닥친다고 해도 문제될 것이 없다.[9] 얼마 살지 못할 거라고 의사가 진단을 내린다고 해도 돌림판 위에 있다는 것을 안다면 동요하지 않을 것이다.[10]

아무리 많은 적이 당신을 노리고 있고, 수천 발의 포탄이 당신에게 떨어진다고 해도 문제될 것이 없다.[11] 당신은 전능자의 그늘 아래 있다.[12] 그분은 토기장이시고 당신은 그분의 돌림판 위에 있는 것이다.[13] 이것을 믿지 않으면 당신의 삶에 진리와 사랑과 믿음을 이루시기 위해 하나님이 하시는 일들이 분노, 고통, 실망, 의심, 두려움으로 다가온다. 그렇게 되면 당신이 할 수 있는 일은 진리의 기초로 돌아가서 "예수님, 오셔서 저를 도와주세요"라고 기도하는 것뿐이다.

제자리에서 맴돌기 시작하면 기도가 다른 방향으로 나가게 된다. "하나님, 제발 저를 여기서 벗어나게 해주세요!" 당신은 하나님의 뜻을 구하는 기도를 이미 드렸다. 당신이 하나님의 돌림판을 보지 않는다면 두 기도 중 하나는 취소되어야 한다. 하나님이 어떤 기도를 듣기를 원하시겠는가? 당신이 하나님의 뜻을 구하는 기도를 드려서 하나님이 당신을 돌림판 위에 올려놓으셨는데 다시 "이 돌림판에서 저를 내려주세요!"라고 기도하고 있는 것이다.

"오, 하나님. 저를 사용해주세요. 능력 있는 선교사가 되기를 원합니다." 이 기도를 듣고 하나님이 당신을 돌림판에 올려놓으시면 당신은 "하나님, 제가 기대했던 것은 이런 게 아닌데요!"라고 말한다. 하나님의 돌림판을 바라보지 않았던 것이다.

당신은 "주님! 제 온 가족이 구원받을 때까지 금식하며 기도하겠습니다!"라고 기도하고는 며칠 지나지 않아 과자와 우유를 먹기 시작하여 모든 것을 포기해버린다.

원하건대 주는 하늘을 가르고 강림하시고 주 앞에서 산들이 진동하기를 불이 섶을 사르며 불이 물을 끓임 같게 하사 주의 원수들이 주의 이름을 알게 하시며 이방 나라들로 주 앞에서 떨게 하옵소서 주께서 강림하사 우리가 생각하지 못한 두려운 일을 행하시던 그때에 산들이 주 앞에서 진동하였사오니 주 외에는 자기를 앙망하는 자를 위하여 이런 일을 행한 신을 옛부터 들은 자도 없고 귀로 들은 자도 없고 눈으로 본 자도 없었나이다 주께서 기쁘게 공의를 행하는 자와 주의 길에서 주를 기억하는 자를 선대하시거늘 우리가 범죄하므로 주께서 진노하셨사오며 이 현상이 이미 오래 되었사오니 우리가 어찌 구원을 얻을 수 있으리이까 무릇 우리는 다 부정한 자 같아서 우리의 의는 다 더러운 옷 같으며 우리는 다 잎사귀같이 시들므로 우리의 죄악이 바람같이 우리를 몰아가나이다 주의 이름을 부르는 자가 없으며 스스로 분발하여 주를 붙잡는 자가 없사오니 이는 주께서 우리에게 얼굴을 숨기시며 우리의 죄악으로 말미암아 우리가 소멸되게 하셨음이니이다 그러나 여호와여 이제 주는 우리 아버지시니이다 우리는 진흙이요 주는 토기장이시니 우리는 다 주의 손으로 지으신 것이니이

다(사 64:1-8)

이사야 64장은 "하나님, 이리로 내려오셔서 역사해주십시오!"라는 선지자의 기도로 시작된다. 이사야는 산들이 진동하고 불타며 불이 물을 끓게 하듯 역사해달라고 기도한다. 하지만 하나님은 의외의 방법으로 역사하셨다. "우리는 이런 것을 기대하지 않았습니다!" 이사야는 돌림판을 바라보고 있지 않았다. 하나님은 이사야의 기도에 따라 역사하셨지만 이사야는 하나님이 그런 방식으로 역사하시리라고는 예상하지 못했다.

성경은 황금으로 된 길[14]에 대해 이야기하지 않는다. 하나님은 지금 이 순간 당신을 위해 무언가를 준비해놓으셨다. 하지만 당신이 돌림판을 바라보지 않기 때문에 그것을 볼 수 없는 것이다.

하나님이 세상을 창조하신 후(지구가 속한 안드로메다 성운에는 1,500억 개의 별이 있고, 우주에는 안드로메다 성운보다 큰 1,500억 개 이상의 성운이 존재한다), 무수히 많은 천사가 '우리가 기대한 것은 이런 것이 아니다. 우리는 우리가 하나님이 창조하신 전부인 줄 알았다'[15]고 생각했다.

하나님은 지구라는 조그마한 별을 택하셔서 동산을 만드셨다.[16] 하나님은 천사의 힘을 사용하지 않으시고 수많은 작은 피조물을 만드셨다. 그분은 작은 진흙덩이로 자신의 형상을 닮은 피조물을 만드셨다.[17] 하나님은 천사들이 보는 앞에서 그분 자신을 그 피조물에 연결시키셨다. 진흙에 그분의 숨결, 생명을 불어넣으신 것이다. 이를 보고 천사들은 외쳤다. "우리가 기대한 것은 이런 것이 아니었습니다."

30일 동안 물만 마시면서 금식을 하겠다고 결심한 사람들이 있었다. 2주가 지났을 때 그들은 주스를 마시고 과일을 먹기 시작했다. 3주 뒤에는 기력을 회복하기 위해 스테이크를 먹었다. 그들은 직장을 잃었고, 아내와 불화하게 되었고, 자녀들이 병에 걸렸다. 그들은 "하나님께 다가가려고 애쓸 때마다 엄청난 문제들을 겪게 된다. 하나님께 가까이 가려고 노력할 때마다 모든 것이 잘못 되는 것 같다"라고 불평했다. 그러나 하나님이 그들의 기도를 들으시고 그들을 돌림판에 올려놓으신 것이다. 그들은 하나님이 하시는 일을 바라보지 않았다.

> 내 형제들아 너희가 여러 가지 시험을 당하거든 온전히 기쁘게 여기라 이는 너희 믿음의 시련이 인내를 만들어내는 줄 너희가 앎이라(약 1:2-3)

> 그러므로 너희가 이제 여러 가지 시험으로 말미암아 잠깐 근심하게 되지 않을 수 없으나 오히려 크게 기뻐하는도다 너희 믿음의 확실함은 불로 연단하여도 없어질 금보다 더 귀하여 예수 그리스도께서 나타나실 때에 칭찬과 영광과 존귀를 얻게 할 것이니라(벧전 1:6-7)

하나님의 돌림판을 바라보아야 시련 가운데서도 기뻐할 수 있다. 하나님이 우리를 온전하게 하시기 위해서 시험하고 압력을 가하신다는 것을 알아야 한다. 이런 시험을 견뎌냄으로써 우리와 비슷한 곤경에 빠진 사람들을 도울 수 있다.[18] 의사가 어긋난 뼈를 맞추기 위해 힘을 가하면 환자가 엄청난 아픔을 느끼는 것처럼 하나님이 우리에게 힘을 가하시면 우리는 고통을 느낀다. 그리고 하나님이 더 이상 힘을 가하지 않으시기를 간절히 바란다.

하나님은 우리를 무척 사랑하시기 때문에 그분이 보시기에 우리가 도달할 수 있는 최고의 수준까지 되기를 바라신다.[19] 우리가 돌림판을 통해 어떤 수준까지 오를 수 있는지는 오직 그분만 아신다. 토기장이 하나님의 마음속에는 어떤 그릇을 만들 것인지에 대한 구상이 있다. 그분은 완성품의 모습을 이미 아신다. 토기장이 하나님은 비록 오래된 한 덩이 진흙일지라도 그것을 사용하여 만들 그릇에 대해 구체적인 목적이 있으시다. 당신이 아직 보잘것없는 진흙 덩어리에 불과한 상태라고 해도 토기장이 하나님은 이미 당신을 왕의 고귀한 포도주잔으로 보고 계신다. 어쩌면 당신은 성령의 기름이나 부흥의 불꽃을 담는 용도로 쓰일 수도 있다. 아니면 그리스도를 예표하는 고귀한 희생이 있었던 모리아 산까지 불을 운반하는 그릇으로 사용될지도 모른다. 하지만 그러기 위해서는 먼저 하나님의 손이 당신을 돌림판 위에서 빚으셔야 한다.

하나님은 어떤 상황에서도 기뻐하는 사람에게 자신을 나타내신다. 그런 사람은 어떤 상황에서도 성경을 읽는다. 남들이 자신에 대해 뭐라고 말하든, 자신의 마음이 어떠하든 상관없이 주님을 사랑한다. 계속해서 직장을 잃는 일이 반복되더라도 주님의 집을 떠나지 않는다. 그 사람은 목사에게 분노하거나 믿음의 형제들에게 걱정을 끼치지 않는다. 그는 돌림판 위에 있는 동안에도 기뻐하며 의로운 삶을 산다.

하나님은 당신이 감당할 수 있는 것 이상을 당신에게 요구하지 않으신다.[20] 인간은 하나님에 대한 믿음을 잃으면 하나님에게 화를 내며 하나님이 죽었다고 선언한다. 마찬가지로 하나님의 돌림판을 바라보지 못하면 주님이 당신을 버렸다고 생각할 수 있다. "내가 죄를 지었기 때문에 하나님이 나를 싫어하신다"고 생각하기 쉽다. 당신이 무언가 잘못한 것이 있기 때문에 하나님이 당신을 사랑하지 않는다고 생각하는 것이다. 하지만 이런 식의 생각은 당장 그만 해야 한다.

대체로 사람들은 기도할 때 무엇보다 용서를 비는 기도를 많이 한다. 문제가 생기면 "하나님, 용서해주세요. 그동안 기도를 제대로 하지 않았음을 고백합니다"라고 기도한다.

> 그때에 열둘 중의 하나인 가룟 유다라 하는 자가 대제사장들에게 가서 말하되 내가 예수를 너희에게 넘겨주리니 얼마나 주려느냐 하니 그들이 은 삼십을 달아 주거늘 그가 그때부터 예수를 넘겨줄 기회를 찾더라(마 26:14-16)

유다는 예수님이 언제나 베드로와 야고보와 요한만 따로 불러 함께 시간을 보내시는 것[21]에 질투를 느꼈는지도 모른다. 그래서 예수님보다 돈에 더 관심을 두었을 수도 있다. 어부 출신 제자들보다 훨씬 똑똑하고 재능이 많은 자신이 핵심 멤버로 받아들여지지 않는 것에 대해 '왜 나에게는 주역이 맡겨지지 않는 거지?' 또는 '왜 나에게는 설교할 기회가 주어지지 않는 거지?'라는 생각을 했을 것이다. 그는 딴

생각을 하기 시작했고 기도하러 가신 주님을 기다리는 동안 돈을 벌 계략을 꾸몄다.[22]

유다는 바리새인들과 서기관들이 예수님을 잡지 못할 것이라고 생각했다. 예수님은 그들이 잡으려고 할 때마다 그들의 손에서 벗어났었다.[23] 어떻게 그들이 예수님을 잡을 수 있단 말인가? 예수님은 그들을 압도하는 능력을 지니셨다. 유다는 그들이 예수님을 십자가에 못 박을 수 있으리라고는 상상도 하지 못했다.

> 말씀하실 때에 열둘 중의 하나인 유다가 왔는데 대제사장들과 백성의 장로들에게서 파송된 큰 무리가 칼과 몽치를 가지고 그와 함께 하였더라 예수를 파는 자가 그들에게 군호를 짜 이르되 내가 입맞추는 자가 그이니 그를 잡으라 한지라 곧 예수께 나아와 랍비여 안녕하시옵니까 하고 입을 맞추니 예수께서 이르시되 친구여 네가 무엇을 하려고 왔는지 행하라 하신대 이에 그들이 나아와 예수께 손을 대어 잡는지라(마 26:47-50)

유다는 천국 문에 입을 맞추고 지옥으로 떨어졌다. 예수님이 유죄 판결을 받으시는 것을 보고 자신의 행동을 후회하며 은 30냥을 성전으로 가져가 되돌려주었다.

> 그때에 예수를 판 유다가 그의 정죄됨을 보고 스스로 뉘우쳐 그 은 삼십을 대제사장들과 장로들에게 도로 갖다 주며 이르되 내가 무죄한

피를 팔고 죄를 범하였도다 하니 그들이 이르되 그것이 우리에게 무
슨 상관이냐 네가 당하라 하거늘 유다가 은을 성소에 던져 넣고 물러
가서 스스로 목매어 죽은지라 대제사장들이 그 은을 거두며 이르되
이것은 핏값이라 성전고에 넣어둠이 옳지 않다 하고 의논한 후 이것
으로 토기장이의 밭을 사서 나그네의 묘지를 삼았으니 그러므로 오
늘날까지 그 밭을 피밭이라 일컫느니라(마 27:3-8)

유다는 교회로 돌아갔다. 많은 사람이 술집이나 불법적인 일에서가 아니라 교회에서 목숨이 달린 제비뽑기를 한다. 질투는 가장 심각한 문제를 야기한다.[24] 하나님의 돌림판을 바라보지 않고 토기장이의 손에 자신을 맡기려고 하지 않을 때 원한이 슬며시 일어난다.[25]

때때로 우리는 신뢰와 존귀와 친절보다는 원한과 분노를, 믿음과 기도보다는 험담과 비방을 선택한다. 이런 식으로 교회에서 목숨을 건 제비뽑기가 시도된다.

예레미야는 토기장이만을 본 것이 아니다. 그는 토기장이의 손길에 자신을 맡기기를 거부하여 부서진 채 쌓여있는 수많은 그릇 조각을 보았다. 그것들은 딱딱하게 굳어졌고, 자신들에게 가해지는 압력을 거부했고, 돌림판에 남아있지 않으려고 했다. 토기장이는 그것을 부숴버리는 것밖에 달리 할 수 있는 일이 없었다. 토기장이의 작업장에는 그릇으로 만들어지기를 거부한 진흙 조각들이 수 미터 높이로 쌓이는 경우도 있다. 토기장이는 진흙을 돌림판에 올려놓았지만 진흙이 그릇으로 만들어지기를 거부한 것이다. 그런 진흙은 버려질 수밖에

없다.

　예레미야는 하나님의 말씀에 따라 토기장이의 집에 내려가서 돌림판만 본 것이 아니라 진흙이 돌림판 위에 머물러 있지 않으려고 할 때 무슨 일이 벌어지는지도 보았다. 어쩌면 예레미야는 토기장이의 집을 사려고 했을지도 모른다.

　"주님이 저에게 무언가를 깨닫도록 하기 위해서 여기로 내려오라고 하신 것 같습니다. 저에게 여기를 파시겠습니까?"
　"글쎄요, 집을 팔 마음은 없습니다. 하지만 마당은 은 30냥에 팔겠습니다"라고 토기장이가 대답했다.
　예레미야는 그 제안을 거부했다. 그는 토기장이의 돌림판이 주는 교훈만을 샀고 그 교훈을 보며 슬피 울었다. 후대에 유다는 토기장이의 마당을 사고 죽게 된다.

　예레미야가 한 모든 일은 장차 일어날 일들을 미리 보여준다.[26]
　토기장이의 마당은 오늘날 교회들 주변에 널려있는데, 하나님의 손길에 자신을 맡기기를 거부한 사람들이 부서져 버려지는 곳이다. 돌림판 위에 있는 것을 거부하면 낯선 마당에 버려진다.
　우리는 부흥을 위해 기도하는데 교회는 부흥에 반대되는 기도를 한다. 교회는 부흥을 원하지 않는다. 교회는 기도 모임에서 성도들이 환상과 천사와 영적인 것들을 보는 것을 원하지 않는다.[27] 그래서 기도 모임을 열지 못하게 한다. 교회는 성도들이 마음에서 우러나오는 예언을 하면 무슨 내용이 드러날지 몰라서 두렵기 때문에 성령의 은사를 원하지 않는다.[28] 교회는 부흥을 지향하는 것은 무엇이든 거부한다.

   교회가 부흥을 위해 기도할 때 하나님은 교회를 돌림판에 올려놓으신다. 하지만 교회는 하나님의 손길을 거부한다. 하나님의 지시에 따를 때 겪는 어려움이 싫어서 하나님의 지시를 거부한다. 그리고 결국 부서진 그릇 조각들이 쌓여있는 마당에 던져진다. 교회는 자신들의 뜻과는 상반되는 하나님의 뜻을 구하는 기도를 하고 나서는 돌림판에서 내려달라고 간구한다. 교회는 지금 엄청난 혼란에 빠져있다.[29]

*** 1장 미주

1) 히 10:7
2) 사 40:22
3) 엡 5:8; 벧전 2:9
4) 고전 3:12
5) 요 3:3, 5
6) 약 4:13-16
7) 벧전 1:17
8) 롬 9:20-23; 사 29:16
9) 요일 5:4
10) 요일 3:19-21
11) 시 91:7
12) 시 91:1
13) 사 64:8
14) 계 21:21
15) 느 9:6
16) 겔 28:13; 창 2:8
17) 창 2:7
18) 히 5:2
19) 엡 4:13
20) 고전 10:13
21) 마 17:1; 막 5:37 등
22) 요 12:4-6
23) 눅 4:30; 요 8:59, 10:39
24) 아 8:6
25) 마 20:7
26) 겔 12:6,11
27) 행 23:6-10
28) 고전 12:8-10
29) 행 19:29

2장

불
내가 대장장이를 만들었노라

The Fire
I Have Created the Smith

Perceiving the Wheel of God

2장 불
내가 대장장이를 만들었노라

The Fire
I Have Created the Smith

잉태하지 못하며 출산하지 못한 너는 노래할지어다 산고를 겪지 못한 너는 외쳐 노래할지어다 이는 홀로 된 여인의 자식이 남편 있는 자의 자식보다 많음이라 여호와께서 말씀하셨느니라 네 장막터를 넓히며 네 처소의 휘장을 아끼지 말고 널리 펴되 너의 줄을 길게 하며 너의 말뚝을 견고히 할지어다 이는 네가 좌우로 퍼지며 네 자손은 열방을 얻으며 황폐한 성읍들을 사람 살 곳이 되게 할 것임이라 (사 54:1-3)

너 곤고하며 광풍에 요동하여 안위를 받지 못한 자여 보라 내가 화려한 채색으로 네 돌 사이에 더하며 청옥으로 네 기초를 쌓으며 홍보석으로 네 성벽을 지으며 석류석으로 네 성문을 만들고 네 지경을 다 보석으로 꾸밀 것이며 (사 54:11-12)

살다 보면 때때로 사방이 적으로 둘러싸여있는 것 같다는 생각이 드는 경우가 있다. 그럴 때는 도대체 하나님이 왜 이런 일이 일어나도록 허락하시는지 이해할 수가 없다. 어째서 하나님은 상황이 이 지경이 되도록 우리를 그냥 내버려두시는 걸까? 어려움을 겪고 있다는 사실을 주위 사람들이 모두 알 정도로 문제가 심각하다는 것은 당혹스러운 일이다.

하나님은 사파이어와 온갖 다양한 빛깔의 보석들로 기초를 놓으신다.[1] 엄청난 화염이 그런 보석들을 만들어낸다. 하나님은 진흙이나 모래로 된 기초에 만족하지 않으신다.

당신이 보고 듣고 말하고 믿는 모든 것은 불로 연단을 받아야 한다.[2] 하나님은 신병 훈련소를 거치지 않은 사람은 전장에 내보내지 않는다. 전장에 나가는 사람은 누구나 불의 연단을 받는다.

> 너는 공의로 설 것이며 학대가 네게서 멀어질 것인즉 네가 두려워하지 아니할 것이며 공포도 네게 가까이하지 못할 것이라 보라 그들이 분쟁을 일으킬지라도 나로 말미암지 아니한 것이니 누구든지 너와 분쟁을 일으키는 자는 너로 말미암아 패망하리라 보라 숯불을 불어서 자기가 쓸 만한 연장을 제조하는 장인도 내가 창조하였고 파괴하며 진멸하는 자도 내가 창조하였은즉 너를 치려고 제조된 모든 연장이 쓸모가 없을 것이라 일어나 너를 대적하여 송사하는 모든 혀는 네게 정죄를 당하리니 이는 여호와의 종들의 기업이요 이는 그들이 내게서 얻은 공의니라 여호와의 말씀이니라(사 54:14-17)

당신에게 두려움이 없다면 억압도 없을 것이다.3) 어려움을 당해 고통을 감내해야 하는 상황이 닥칠 수도 있겠지만 그 상황이 당신을 억압하거나 제한하거나 무기력하게 만들거나 쪼그라들게 하지 못할 것이다. 당신이 불을 통과하는 것을 두려워하지 않기 때문이다.4)

우리는 불을 불편하게 느껴 표정이 안 좋아질 수 있다. 누구도 불을 좋아하지 않기에 거짓 표정으로 마음을 감추려고 애를 쓴다. 하지만 하나님은 가면을 치워버리신다. 하나님은 사람이 자기 마음을 솔직하게 드러내는 것을 원하신다. 그분은 사람이 자기를 고소하는 마귀에게 "네가 좋아하든 싫어하든 이게 나다"라고 말하기를 바라신다. 당신이 그렇게 한다면 마귀는 당신을 괴롭힐 수 없다. 당신이 하나님께 죄를 자백하고 나면 마귀를 두려워하지 않게 된다. 당신이 자신을 그럴듯한 포장지로 꾸미지도 않았는데 마귀가 포장지를 찢으려고 덤벼드는 일은 없다. 불은 포장지를 살라버린다.

당신을 공격하기 위해 준비된 무기들은 아무 소용이 없게 된다.5) 하나님은 숯불을 불어 연장을 만드는 장인을 창조하신 분이다.6) 당신은 자신의 삶에 문제를 일으키는 것이 마귀라고 생각하겠지만, 그 모든 것을 주관하시는 분은 하나님이시다.7)

어렸을 때 집에서 학교까지 걸어다니던 길에 대장간이 있었다. 대장장이는 '조'라는 이름의 덩치 큰 아저씨였는데 구식 농기구를 만들었다. 따뜻한 봄철에는 집에 빨리 가지 않아도 되었기 때문에 나는 하굣길에 친구들과 대장간에 들러 조 아저씨가 일하는 것을 구경하곤 했다. 대장간 문은 통풍이 잘 되도록 언제나 활짝 열려있었다. 아저씨는 땀을 뻘뻘 흘렸고 검댕이 묻은 팔로 땀을 닦아 얼굴이 시꺼멨다.

아저씨는 때때로 대장간 가운데에 있는 큰 화로에 무언가를 던져 넣었다. 불은 엄청나게 뜨거웠다. 화로 덮개는 빨갛게 달궈져 있었다. 아저씨는 집게로 무언가를 집어 화덕에 넣고 페달을 밟아 풀무질을 했다.

"조 아저씨, 뭐 하시는 거예요?"

"석탄에 바람을 불고 있지."

"왜 그렇게 하시는데요?"

"불이 더 뜨거워지게 하려고. 불이 충분히 뜨겁지 않으면 물건을 제대로 만들 수가 없거든."

"불을 뜨겁게 하는데 왜 석탄에 바람을 불어요?"

"이렇게 페달을 밟으면 공기 주머니에 공기가 모였다가 화로 밑바닥으로 뿜어지는데, 그때 산소가 들어가서 석탄을 더 잘 타게 하는 거란다."

아저씨는 집게를 불 속에 넣어 무언가를 집어낸 다음 모루 위에 놓고 망치로 때렸다.

아저씨가 그것을 엄청 세게 아주 오랫동안 때려대는 것을 보면서 나는 아저씨가 손에 닿는 것은 무엇이든 때려 부수는 나쁜 괴물이라고 생각했다.

하나님은 풀무를 작동시키시는 분이다. 당신의 모든 문제를 무슨 짓이든 해대는 마귀가 일으킨 것이라고 생각하지 마라. 하나님은 "내가 숯불을 불어 연장을 만드는 장인을 창조했다"고 하셨다.[8]

> 사람이 감당할 시험밖에는 너희가 당한 것이 없나니 오직 하나님은
> 미쁘사 너희가 감당하지 못할 시험 당함을 허락하지 아니하시고 시
> 험 당할 즈음에 또한 피할 길을 내사 너희로 능히 감당하게 하시느니
> 라(고전 10:13)

그리스도 안에 있으면 우리는 안전하다. 하나님이 당신의 삶을 이끄신다. 하나님은 당신이 견딜 수 있는 것 이상을 당신에게 부과하지 않으신다.[9] 그분은 당신이 여리고 힘없고 유약하고 쉽게 부러지는 갈대이기를 바라지 않으신다. 하나님은 힘차고 건장하고 육중하게 우뚝 솟은 강한 나무를 필요로 하신다. 그분은 당신이 연약한 것을 원하시지 않는다. 하나님은 은박지나 플라스틱이 아니라 쇠로 된 병기를 원하신다.

불세례는 교회의 핵심 교리 중 하나다.[10] 우리는 물로 세례를 받는 것과 성령으로 세례받는 것을 잘 알고 있다. 요한은 물로 세례를 주었다. 예수님은 성령과 불로 세례를 주신다.

> 요한이 모든 사람에게 대답하여 이르되 나는 물로 너희에게 세례를
> 베풀거니와 나보다 능력이 많으신 이가 오시나니 나는 그의 신발끈
> 을 풀기도 감당하지 못하겠노라 그는 성령과 불로 너희에게 세례를
> 베푸실 것이요 손에 키를 들고 자기의 타작마당을 정하게 하사 알곡
> 은 모아 곳간에 들이고 쭉정이는 꺼지지 않는 불에 태우시리라(눅
> 3:16-17)

그분은 성령과 불로 당신에게 세례를 베푸실 것이다. 키는 하나님 손에 들려있다. 하나님은 쭉정이를 알곡에서 골라내어 꺼지지 않는 불로 태우신다. 하나님이 숯불을 불어 연장을 만드는 장인을 만드셨다. 그분은 자신의 영광을 위해 당신을 사용하려면 당신의 삶에 어느 정도의 열이 가해져야 하는지 아신다. 하나님은 당신이 견디지 못할 정도의 열을 가하시지 않는다. 그분은 당신이 어느 정도까지 견딜 수 있는지 아신다. 당신이 견디지 못할 것이었다면 하나님은 주지 않으셨을 것이다. 하나님은 당신이 깨지고 상하고 뭉개지고 찌그러져야 할 필요가 있다고 보신다.

불에 바람을 불어넣는 분이 하나님이시므로 마귀는 당신을 상하게 하지 못한다. 하나님은 당신의 갑옷에서 취약한 부위를 제거하려고 뜨거운 불을 가하시는 것이다. 그분은 당신을 강하게 하기 위해 불이 얼마나 뜨거울 필요가 있는지 아신다. 마귀가 자신의 무기로 당신의 약한 부분을 공격할 때 그는 하나님이 그 부분을 이미 고쳐놓으셨다는 것을 알아채고 놀라게 될 것이다. 하나님은 숯불을 불어서[11] 당신을 그분 손에 알맞은 도구로 만드시는 분이다.[12]

전장에서 어딘가에 부상을 입은 경험이 없는 지휘관은 전쟁에서 부하들을 제대로 이끌지 못한다.[13] 지식이 많다고 부하들을 이끌 수 있는 것이 아니다. 피를 흘려보고 용감하게 싸워보고 불을 통과해본 경험이 있어야 사람들을 이끌 수 있다. 우리에게는 고통을 겪는다는 것이 무엇인지 아는 지도자들이 필요하다. 하나님에게는 전장에 나가보지 않은 군대나 총을 쏘아보지 않은 병사는 필요치 않다. 하나님의 군대는 피 흘리고 고통받고 상처 입고 회복된 병사들로 구성되어 있다.

불세례

백성들이 바라고 기다리므로 모든 사람들이 요한을 혹 그리스도신가 심중에 생각하니 요한이 모든 사람에게 대답하여 이르되 나는 물로 너희에게 세례를 베풀거니와 나보다 능력이 많으신 이가 오시나니 나는 그의 신발끈을 풀기도 감당하지 못하겠노라 그는 성령과 불로 너희에게 세례를 베푸실 것이요 손에 키를 들고 자기의 타작마당을 정하게 하사 알곡은 모아 곳간에 들이고 쭉정이는 꺼지지 않는 불에 태우시리라(눅 3:15-17)

내가 불을 땅에 던지러 왔노니 이 불이 이미 붙었으면 내가 무엇을 원하리요 나는 받을 세례가 있으니 그것이 이루어지기까지 나의 답답함이 어떠하겠느냐 내가 세상에 화평을 주려고 온 줄로 아느냐 내가 너희에게 이르노니 아니라 도리어 분쟁하게 하려 함이로라 이후부터 한 집에 다섯 사람이 있어 분쟁하되 셋이 둘과 둘이 셋과 하리니 아버지가 아들과 아들이 아버지와 어머니가 딸과 딸이 어머니와 시어머니가 며느리와 며느리가 시어머니와 분쟁하리라 하시니라(눅 12:49-53)

예수께서 성령의 충만함을 입어 요단 강에서 돌아오사 광야에서 사

> 십 일 동안 성령에게 이끌리시며 마귀에게 시험을 받으시더라 이 모
> 든 날에 아무것도 잡수시지 아니하시니 날수가 다하매 주리신지라
> (눅 4:1-2)

교회에서 어떤 프로그램이나 활동을 진행한다고 해도 젊은이들을 구원하거나 교회를 성장시킬 수는 없다. 집단 활동은 성도 간의 교제에는 도움이 되지만 하나님 나라의 성장에는 아무 도움도 되지 않는다. 활동, 프로그램, 건물, 기자재 등은 영적 성장을 대체할 수 없다.[14]

건물을 새로 짓거나 교인 수가 늘었다고 해서 교회가 성장했다고 볼 수는 없다. 우리는 물과 성령으로 거듭난다. 우리는 세례를 받고 성령의 몸에 속하게 된다.

> 우리가 유대인이나 헬라인이나 종이나 자유인이나 다 한 성령으로
> 세례를 받아 한 몸이 되었고 또 다 한 성령을 마시게 하셨느니라(고
> 전 12:13)

> 형제들아 나는 너희가 알지 못하기를 원하지 아니하노니 우리 조상
> 들이 다 구름 아래에 있고 바다 가운데로 지나며 모세에게 속하여 다
> 구름과 바다에서 세례를 받고 다 같은 신령한 음식을 먹으며 다 같은
> 신령한 음료를 마셨으니 이는 그들을 따르는 신령한 반석으로부터
> 마셨으매 그 반석은 곧 그리스도시라(고전 10:1-4)

살아계신 하나님의 교회는 성도들의 어머니다.15) 하나님은 교회에 생명을 주는 아버지이시다. 우리는 하나님의 자녀들이다.16) 우리 모두는 성령의 법 밖에서 죄악과 불법 속에 살기 위해서가 아니라 주님을 섬기기 위해서 태어났다.17)

> 이는 그리스도 예수 안에 있는 생명의 성령의 법이 죄와 사망의 법에서 너를 해방하였음이라 율법이 육신으로 말미암아 연약하여 할 수 없는 그것을 하나님은 하시나니 곧 죄로 말미암아 자기 아들을 죄 있는 육신의 모양으로 보내어 육신에 죄를 정하사 육신을 따르지 않고 그 영을 따라 행하는 우리에게 율법의 요구가 이루어지게 하려 하심이니라 육신을 따르는 자는 육신의 일을 영을 따르는 자는 영의 일을 생각하나니 육신의 생각은 사망이요 영의 생각은 생명과 평안이니라 육신의 생각은 하나님과 원수가 되나니 이는 하나님의 법에 굴복하지 아니할 뿐 아니라 할 수도 없음이라 육신에 있는 자들은 하나님을 기쁘시게 할 수 없느니라 만일 너희 속에 하나님의 영이 거하시면 너희가 육신에 있지 아니하고 영에 있나니 누구든지 그리스도의 영이 없으면 그리스도의 사람이 아니라(롬 8:2-9)

우리가 잘못 가정하고 있는 것들이 몇 가지 있다. 우리는 성령세례에 대해 잘 알고 있다고 가정한다.18) 오순절파 신도들이 금세기 들어 은사를 받아 성령의 충만19)과 사역20)에 대해 이해하게 된 최초의 신도들이라고 가정한다. 최근 몇 달 또는 몇 년 사이에 성령을 받은 다른 교파의 신도들을 보면서 그런 일이 우리에게는 오래전부터 있었던 일이라고 가정한다. 성령세례를 잘 이해하고 있다고 가정한다.

불세례는 그리 쉽게 가정될 수 있는 것이 아니다. 우리 오순절파의 경험에는 무언가 부족한 것이 있다. 우리가 선포하는 말씀대로 우리는 살지 않는다. 사도행전을 이야기하지만 거기에 쓰인 대로 행하지는 않는다. 능력과 계시와 기사를 말하지만 실제로 그런 일이 일어나는 것을 경험하지는 못한다. 치유와 기적들이 때때로 일어나기는 하지만 그리스도의 몸인 교회의 속성으로 성경이 묘사하는 대로 기사의 지속적 흐름이 우리 가운데에 나타나지는 않고 있다.[21]

> 오직 성령이 너희에게 임하시면 너희가 권능을 받고 예루살렘과 온 유대와 사마리아와 땅 끝까지 이르러 내 증인이 되리라 하시니라(행 1:8)

우리에게 능력이 주어지지 않는 이유가 있다. 성경은 성령이 임하실 때에 권능을 받을 것이라고 말하는 것이 아니라 성령이 임하신 다음에 권능을 받을 것이라고 밝힌다. 수년 전 설교에서 은혜의 확실한 두 번째 역사로 성화[22]를 이야기했던 설교자들은 또 다른 세례에 대해 제대로 알고 있었다.

성령세례가 이 땅에서 천국으로 가는 여행의 마지막 관문은 아니다. 성령세례는 우리를 영광에서 영광으로[23] 그리고 믿음에서 믿음으로[24] 이끄는 생명의 탄생이다. 교회에는 초보적인 교훈 이상의 것이

· 필요하다.

> 그러므로 우리가 그리스도의 도의 초보를 버리고 죽은 행실을 회개함과 하나님께 대한 신앙과 세례들과 안수와 죽은 자의 부활과 영원한 심판에 관한 교훈의 터를 다시 닦지 말고 완전한 데로 나아갈지니라(히 6:1-2)

금세기 사도적 교회는 이런 메시지를 설교하지 않는다. 우리에게는 성령세례 이상의 것이 필요하다—우리에게는 불세례가 필요한 것이다.

불세례를 성령과 함께할 때 경험하는 흥분과 같은 것으로 생각하는 것은 잘못인데, 그 이유는 불이 깨뜨리고 태우는 역할을 하기 때문이다. 우리는 "내 영혼에 불이 임했다"고 말하곤 하지만, 불세례는 기쁨과 흥분의 세례가 아니다. 예수님은 "내가 불을 땅에 던지러 왔다. 불이 이미 붙었으면 내가 무엇을 원하겠느냐?"25)고 말씀하셨다. 예수님이 오셨기에 불은 타기 시작했다. 예수님이 바리새인들을 보시고 "…잔과 대접의 겉은 깨끗이 하되 그 안에는 탐욕과 방탕으로 가득하도다"26)라고 말씀하실 때 그분 안에는 이미 불이 타고 있었다. 예수님은 그분의 불로 그들을 태웠다.

> 화 있을진저 외식하는 서기관들과 바리새인들이여 잔과 대접의 겉은 깨끗이 하되 그 안에는 탐욕과 방탕으로 가득하게 하는도다 눈먼 바

리새인이여 너는 먼저 안을 깨끗이 하라 그리하면 겉도 깨끗하리라
화 있을진저 외식하는 서기관들과 바리새인들이여 회칠한 무덤 같으
니 겉으로는 아름답게 보이나 그 안에는 죽은 사람의 뼈와 모든 더러
운 것이 가득하도다(마 23:25-27)

이르시되 이사야가 너희 외식하는 자에 대하여 잘 예언하였도다 기
록하였으되 이 백성이 입술로는 나를 공경하되 마음은 내게서 멀도
다(막 7:6)

예수님은 그들을 태우셨고, 그 불은 그들이 그분을 죽일 때까지 계속 타올랐다.[27] 하지만 그분을 죽였다고 불을 끌 수 있었던 것은 아니었다.[28]

그때에 세베대의 아들의 어머니가 그 아들들을 데리고 예수께 와서
절하며 무엇을 구하니 예수께서 이르시되 무엇을 원하느냐 이르되
나의 이 두 아들을 주의 나라에서 하나는 주의 우편에 하나는 주의 좌
편에 앉게 명하소서 예수께서 대답하여 이르시되 너희는 너희가 구
하는 것을 알지 못하는도다 내가 마시려는 잔을 너희가 마실 수 있느
냐 그들이 말하되 할 수 있나이다 이르시되 너희가 과연 내 잔을 마시
려니와 내 좌우편에 앉는 것은 내가 주는 것이 아니라 내 아버지께서
누구를 위하여 예비하셨든지 그들이 얻을 것이니라(마 20:20-23)

성령세례는 영적인 삶의 일부일 뿐이다. 하나님의 생명을 소유하기 위해서는 성화, 헌신, 견고함이 있어야 한다. 하나이신 성령이 세례를 통해 우리를 그리스도의 몸이 되게 하신다. 그리스도의 몸이 되고 나면 불세례를 받아야 한다.

예수님이 마신 잔은 무엇이며 예수님이 받은 세례는 무엇인가? 예수님은 겟세마네에서 잔을 받으셨다. 십자가가 그분의 세례였다.

> 이에 예수께서 제자들과 함께 겟세마네라 하는 곳에 이르러 제자들에게 이르시되 내가 저기 가서 기도할 동안에 너희는 여기 앉아있으라 하시고 베드로와 세베대의 두 아들을 데리고 가실새 고민하고 슬퍼하사 이에 말씀하시되 내 마음이 매우 고민하여 죽게 되었으니 너희는 여기 머물러 나와 함께 깨어있으라 하시고 조금 나아가사 얼굴을 땅에 대시고 엎드려 기도하여 이르시되 내 아버지여 만일 할 만하시거든 이 잔을 내게서 지나가게 하옵소서 그러나 나의 원대로 마시옵고 아버지의 원대로 하옵소서 하시고 제자들에게 오사 그 자는 것을 보시고 베드로에게 말씀하시되 너희가 나와 함께 한 시간도 이렇게 깨어있을 수 없더냐 시험에 들지 않게 깨어 기도하라 마음에는 원이로되 육신이 약하도다 하시고 다시 두 번째 나아가 기도하여 이르시되 내 아버지여 만일 내가 마시지 않고는 이 잔이 내게서 지나갈 수 없거든 아버지의 원대로 되기를 원하나이다 하시고 (마 26:36-42)

그 잔은 온 세상의 죄로 가득 차있었다.[29] 태초로부터 범해진 모든 죄와 앞으로 범해질 모든 죄가 그 잔에 담겨있었다.[30] 잔은 차고 넘쳤고 의로우신 하나님은 그것에 대해 어떤 식으로든 조치를 취하셔야만 했다. 예수님은 우리를 위해 그 잔을 마시려고 오셨다.

예수님이 아무것도 하지 않고 그 잔만 마셨다고 하면 우리는 아직도 구속받지 못한 상태에 머물러 있었을 것이다. 그 잔을 마심으로써 예수님은 모든 죄에 대한 책임을 받아들이셨다. 책임을 받아들이는 것만으로 모든 문제가 해결되는 것은 아니다. 빚을 졌다는 사실을 인정한다고 해서 그 빚이 없어지지는 않는다. 돈을 벌어서 빚을 갚아야 한다.

잔을 마시는 것만으로 구속이 이루어진 것이 아니다. 이는 단지 예수님이 세상 죄를 담당하신다는 사실의 확인일 뿐이다.[31] 이로 인해 죄 문제가 처리된 것은 아니다. 그 잔을 마심으로써 예수님은 합의서에 서명을 했을 뿐이다. 예수님은 빚을 갚기 위해 갈보리로 가셔야 했다. 그 갈보리가 바로 불세례였다.

✷ ✷ ✷ 2장 미주

1) 계 21:19; 사 54:11
2) 벧전 1:7
3) 딤후 1:7
4) 단 3:17
5) 사 54:17
6) 사 54:16
7) 요 19:11
8) 사 54:16
9) 고전 10:13
10) 히 6:2; 마 3:11; 눅 3:16
11) 사 54:16
12) 사 41:15; 롬 6:13
13) 히 2:10
14) 엡 4:15; 벧전 3:18
15) 히 12:22; 갈 4:26
16) 요일 3:1
17) 롬 6:19
18) 마 3:11; 막 1:8; 눅 3:16; 요 1:33; 행 10:44-47, 11:15-16
19) 행 2:4
20) 고전 12:6
21) 행 3:7; 5:5, 10, 15, 13:11, 14:3, 10, 16:18, 19:11, 20:10, 28:5, 11
22) 살후 2:13
23) 고후 3:18
24) 고전 10:15; 살후 1:3
25) 눅 12:49
26) 마 23:25
27) 행 2:23
28) 행 5: 28
29) 요일 2:2
30) 시 75:8
31) 요 1:29

3장

불이 타오르게 하라

Let the Fire Burn

Perceiving the Wheel of God

3장 불이 타오르게 하라

Let the Fire Burn

그가 아들이시면서도 받으신 고난으로 순종함을 배워서(히 5:8)

그러므로 예수도 자기 피로써 백성을 거룩하게 하려고 성문 밖에서 고난을 받으셨느니라 그런즉 우리도 그의 치욕을 짊어지고 영문 밖으로 그에게 나아가자(히 13:12-13)

그리스도께서 이미 육체의 고난을 받으셨으니 너희도 같은 마음으로 갑옷을 삼으라 이는 육체의 고난을 받은 자는 죄를 그쳤음이니 그 후로는 다시 사람의 정욕을 따르지 않고 하나님의 뜻을 따라 육체의 남은 때를 살게 하려 함이라(벧전 4:1-2)

고통 없이 십자가를 질 수는 없다.[1]

> 내가 그리스도와 함께 십자가에 못 박혔나니 그런즉 이제는 내가 사는 것이 아니요 오직 내 안에 그리스도께서 사시는 것이라 이제 내가 육체 가운데 사는 것은 나를 사랑하사 나를 위하여 자기 자신을 버리신 하나님의 아들을 믿는 믿음 안에서 사는 것이라(갈 2:20)

> 그러나 무엇이든지 내게 유익하던 것을 내가 그리스도를 위하여 다 해로 여길 뿐더러 또한 모든 것을 해로 여김은 내 주 그리스도 예수를 아는 지식이 가장 고상하기 때문이라 내가 그를 위하여 모든 것을 잃어버리고 배설물로 여김은 그리스도를 얻고(빌 3:7-8)

이런 것은 성령세례를 받았다고 해서 그냥 주어지지 않는다. 바울은 복음과 그리스도의 의를 매우 사랑한 나머지 그의 소유나 배움을 무가치한 것으로 여기고 '어떤 조건도 내걸지 않고' 자신을 자발적으로 온전히 하나님께 드리고 싶어 했다.[2]

고난은 그러한 헌신의 한 부분이었다. 바울은 에베소에서 맹수의 공격을 받았고,[3] 이고니온에서 돌로 맞을 뻔했고,[4] 여러 번 매질을 당했다.[5] 감옥에 갇혔을 때에도 그는 자신의 십자가에 대해 푸념을 늘어놓거나 불평하지 않았다.[6] 그는 육체에 대해서는 죽고 하나님에 대해서는 살았다.[7] 그는 감옥에서 풀려난 뒤 은퇴해버리지 않고 처형을 당할 곳을 향해 나아갔다.

> 전제와 같이 내가 벌써 부어지고 나의 떠날 시각이 가까웠도다 나는 선한 싸움을 싸우고 나의 달려갈 길을 마치고 믿음을 지켰으니 이제 후로는 나를 위하여 의의 면류관이 예비되었으므로 주 곧 의로우신 재판장이 그날에 내게 주실 것이며 내게만 아니라 주의 나타나심을 사모하는 모든 자에게도니라(딤후 4:6-8)

우리는 스스로 고난을 피해버린다. 우리는 십자가를 두려워한다. 구덩이에 빠지는 것과 쇠고랑을 차고 속박당하는 것을 싫어한다. 불세례가 육체를 불살라버리기 전에는 희생을 하기 위해 억지로 애를 써야 한다. 불세례는 우리 몸의 신경세포들이 다 타서 어떤 감각도 느끼지 못할 때까지 우리를 태운다.

세례 요한은 하나님의 불이 그의 탈곡 마당을 완전히 태워 깨끗하게 하실 것이라고 했다. 그분은 선하고 옳은 것이 아니면 어떤 것도 남김없이 태워버리실 것이다. 우리 삶에서 올바르지 않은 것은 무엇이든 태워 없애기 위해서 우리는 불세례를 받아야 한다. 불이 우리 삶의 모든 쭉정이를 살라버리게 하자.[8]

우리는 욕망과 물질주의라는 신경체계를 불태워버리는 불세례를 받아야 한다. 그래야 낡고 거친 십자가로부터 우리의 관심을 돌리려는 유혹을 받지 않게 된다. 낙담시키고 속이는 것이 이 시대의 만연한 문제이지만, 우리가 마땅히 받아야 할 고난을 제대로 받는다면 그런 것을 생각할 겨를조차 없을 것이다. 고통이 극심할 테니까 말이다.

기도하고 성경을 읽고 교회에 나오도록 설득해야 한다는 것은 수치스러운 일이다. 이런 굳은 마음을 태워 없애는 불세례가 우리에게 꼭 필요하다.

불세례를 받은 교회만이 성장할 수 있다. 그들은 까마귀에게 눈알을 뜯어 먹혔다. 자녀들은 톱질을 당했다. 그들의 자녀들은 발가벗겨져서 부모 앞에서 팔다리가 묶인 채 몸에 뜨거운 기름이 끼얹어졌고 고문에 못 이겨 비명을 질러댔다. 부모는 기둥에 묶여 이 모든 장면을 바라보아야만 했다.[9] 손가락과 발가락 그리고 몸의 여러 부위가 잘려나갈 때 그들은 부모에게 살려달라고 애원했다. 부모가 그리스도가 구주임을 부인하는 말 한마디면 그들은 풀려날 수 있었다. 그 부모도 지금 우리가 자녀들을 사랑하는 것과 마찬가지로 그들의 자녀를 사랑했지만 자녀들이 자기를 사랑하지 않느냐고 울부짖으며 죽어가는 상황에서도 주님을 부인하지 않았다.[10] 남편은 아내를 살려내려고 주님을 부인하지 않았고 아내도 남편을 살려내려고 주님을 부인하지 않았다.

그 어떤 고난도 복음 전파를 위한 교회의 행진을 멈추게 하지 못했다.[11] 불세례를 받은 교회는 성장한다. 고난을 받은 교회는 살아난다. 주님과 함께 고난을 받은 교회는 주님과 함께 다스리게 될 것이다.[12]

오늘날 교회에는 불이 내리지 않는다. 성령은 많지만 불은 없다. 소리는 지르지만 능력은 없다.

> 아브라함이 아침에 일찍이 일어나 나귀에 안장을 지우고 두 종과 그의 아들 이삭을 데리고 번제에 쓸 나무를 쪼개어 가지고 떠나 하나님

이 자기에게 일러주신 곳으로 가더니 제삼일에 아브라함이 눈을 들어 그곳을 멀리 바라본지라 이에 아브라함이 종들에게 이르되 너희는 나귀와 함께 여기서 기다리라 나가 아이와 함께 저기 가서 예배하고 우리가 너희에게로 돌아오리라 하고 아브라함이 이에 번제 나무를 가져다가 그의 아들 이삭에게 지우고 자기는 불과 칼을 손에 들고 두 사람이 동행하더니 이삭이 그 아버지 아브라함에게 말하여 이르되 내 아버지여 하니 그가 이르되 내 아들아 내가 여기 있노라 이삭이 이르되 불과 나무는 있거니와 번제할 어린 양은 어디 있나이까 아브라함이 이르되 내 아들아 번제할 어린 양은 하나님이 자기를 위하여 친히 준비하시리라 하고 두 사람이 함께 나아가서(창 22:3-8)

아브라함은 3일을 걸어 모리아 산에 갔다.[13] 아들을 제물로 바쳐야 하는 장소가 멀리 보이는 곳에 다다랐을 때 아브라함은 시종들을 짐승들과 함께 거기 머무르도록 했다. 그는 예배를 드릴 예정이었다. 아들을 죽이는 것이 과연 예배인가? 그렇다. 하나님이 하라고 하시는 것을 하고 하나님이 원하시는 것을 드리는 것이 바로 예배다. 아브라함이 하나님을 경배하는 마음은 자식에 대한 인간적인 감정보다 훨씬 컸다. 하나님에 대한 아브라함의 사랑은 인간의 본성을 뛰어넘는 것이었다.

아브라함은 이삭에게 장작을 지게 하고 자신은 불을 들었다. 이삭은 장작과 불은 보았지만 희생 제물은 볼 수 없었다. 우리는 장작을 가지고 성령이 강림하시는 연기 속으로 나아가지만 불이 내려올 때 우리 자신을 희생 제물로 드리지는 않는다. 불은 장작을 태우지만 우리는 태워지기를 거부한다. 우리는 하나님께 장작은 드리지만 우리 자신은 드리지 않는다. 그래서 우리에게는 연기만 가득하다.

우리는 하나님께 많은 말을 올려드린다. 가끔은 시간도 드리고 돈을 드릴 때도 있다. 하지만 주님 앞에서 우리의 마음과 중보 기도의 수고는 드리지 않는다.

> 그 안에서 발견되려 함이니 내가 가진 의는 율법에서 난 것이 아니요 오직 그리스도를 믿음으로 말미암은 것이니 곧 믿음으로 하나님께로부터 난 의라 내가 그리스도와 그 부활의 권능과 그 고난에 참여함을 알고자 하여 그의 죽으심을 본받아(빌 3:9-10)

불은 쭉정이를 태워 탈곡 마당을 깨끗하게 한다.[14] 또한 모든 불순물을 태워 금과 은을 정결하게 한다.[15] 영광으로 나아가고자 하는 영혼마다 불의 연단을 받게 될 것이다.[16] 하나님의 나라에 들어가는 모든 영혼은 불을 통과해야만 한다.

> 각 사람의 공적이 나타날 터인데 그날이 공적을 밝히리니 이는 불로 나타내고 그 불이 각 사람의 공적이 어떠한 것을 시험할 것임이라 만일 누구든지 그 위에 세운 공적이 그대로 있으면 상을 받고 누구든지 그 공적이 불타면 해를 받으리니 그러나 자신은 구원을 받되 불 가운데서 받은 것 같으리라(고전 3:13-15)

> 무릇 그리스도 예수 안에서 경건하게 살고자 하는 자는 박해를 받으
> 리라(딤후 3:12)

교회가 무엇으로 능력을 갖게 되는지 아는가? 능력은 교회가 스스로에 대해 죽을 때 나타난다. 예수님이 능력을 갖게 되신 때는 잔을 마셨을 때나 하나님의 뜻을 행하겠다고 결심하셨을 때가 아니라 자신에 대해 죽으셨을 때다. 십자가에 달리셔서 "다 이루었다"고 하셨을 때 번개가 치고 하늘이 어두워졌다.[17] 천둥이 천지를 뒤흔들었고 무덤들이 열렸다.[18]

하나님의 교회는 세상의 교회가 아니다. 하나님의 교회는 완전히 속량된 교회다. 그 교회는 어울려서 잡담이나 하는 곳이 아니다. 자신을 버린 헌신된 사람들의 진군하는 군대가 바로 하나님의 교회다.[19] 그들은 그리스도의 복음을 부끄러워하지 않는다.[20] 죽기까지 자기들의 생명을 아끼지 않는다.[21] 그들은 이 세상에 미련을 두지 않는다.[22] 돈으로 그들을 살 수 없다.[23] 그들은 낙심하지 않는다. 하나님은 그들을 그분의 손으로 붙드신다. 그 누구도 그들을 하나님의 손에서 빼앗을 수 없다.[24]

하나님의 교회는 인간의 교훈으로 끌어 모을 수 없는 성령의 실체다.[25] 성령이 없이는 교회도 없다. 불이 없다면 삶의 목표도 있을 수 없다.

> 내가 말할 때마다 외치며 파멸과 멸망을 선포하므로 여호와의 말씀

으로 말미암아 내가 종일토록 치욕과 모욕거리가 됨이니이다 내가 다시는 여호와를 선포하지 아니하며 그의 이름으로 말하지 아니하리라 하면 나의 마음이 불붙는 것 같아서 골수에 사무치니 답답하여 견딜 수 없나이다(렘 20:8-9)

불세례는 당신을 당신의 자리에서 태워서 하나님과 함께 있어야만 하는 자리로 옮겨놓는다. 불은 당신의 삶에서 쭉정이를 태워 없앨 것이다.

세상에 속한 사람들은 당신이 하나님의 기준을 말하는 것을 싫어한다. 죄에 대해 설교하는 것도 싫어한다. 그들은 할 수 있는 만큼 세상과 가까이 하면서 동시에 할 수 있는 만큼 하나님과 가까이 하기를 원한다.[26] 이 세상은 불법으로 가득하다. 불법의 영은 이미 활동하고 있고 일부는 교회에도 들어와 있다.[27] 교회는 회중이 조금이라도 고통을 겪지 말아야 한다는 이유로 올바르게 살고 행하는 것에 대해 설교하는 것을 꺼린다.

우리는 육체를 제자리에 둠으로써 하나님이 하나님이심과 우리가 육체보다 하나님을 더 사랑하는 것을 입증해야 한다.[28] 불필요한 것들이 우리를 위험에 빠뜨리는 상황이 될 때 그것들을 태워 없애야만 한다. 제멋대로 살았다고 해도 여전히 하나님을 위해 살 수는 있겠지만, 그렇게 하는 것이 좋은 것은 아니다.[29] 그런 것들이 불법의 씨앗이다.

하나님의 교회는 불의 시험을 통과한, 거룩하고 연단된 교회다.

고난을 겪은 사람들은 죄 짓는 것을 그친다.[30] 가질 수 있는 것을 포기하는 것이 고난이다.31) 금식은 고난이다. 우리는 육체에 대해 죽고 그리스도와 함께 십자가에 못 박혀야 한다.32)

불로 세례를 받은 사람들은 소유하고자 하는 것이 별로 없기 때문에 어떤 고난도 감당할 수 있다. 불로 태워지지 않은 사람들은 별것 아닌 것에도 넘어진다. 그들의 육체가 아직 살아있기 때문에 그들은 세상에 대해 죽지 않고 있다. 그들은 자신들이 아무 문제없이 제대로 잘 살고 있다고 거짓말하고 속이고 슬쩍 빠져나간다. 머리를 굴려서 거리낌 없이 그렇게 한다.

하나님의 교회는 하나님의 이름으로 속량되었다.33) 교회는 그 어떤 것보다도 하나님을 더 사랑한다. 그분이 말씀하시는 것은 무엇이든 주저하지 않고 행한다.34) 하나님의 교회는 거듭났을 때의 수준을 뛰어넘어 성장했기에 더 이상 아기처럼 돌보아줄 필요가 없다. 그들은 불세례를 통해 육체의 고난을 두려워하지 않게 되었다.

우리는 자비를 베풀어 불로부터 구해달라는 기도를 멈추고 불을 달라는 기도를 시작해야 한다. 불세례를 통과하지 않으면 자비를 깨달을 수 없다. 불을 통해 구원을 얻으려 하지 않고 자비를 내려달라는 기도만 함으로써 영혼을 잃는 사람도 있다. 불태움을 받아들이지 않으면서 자비를 구하는 것은 불의한 일이다.

고통을 겪으면 더 많이 기도하게 된다. 상한 마음과 고난은 더 큰 믿음을 갖게 한다. 외로움을 느끼면 이웃을 더 사랑할 수 있다.35) 모든 것을 잃고 나면 영혼을 보게 된다.36)

…내가 마시려는 잔을 너희가 마실 수 있느냐(마 20:22)

…그 불이 각 사람의 공적이 어떠한 것을 시험할 것임이라(고전 3:13)

    어떤 부인이 하나님을 믿지 않는 남편의 구원을 위해 기도해달라고 부탁한 적이 있다. 그녀는 남편이 구원을 받을 수 있다면 무엇이든 하겠다고 했다. 그 부부는 대규모 양계장을 소유한 갑부였다. "남편을 구원하기 위해 모든 것을 잃을 각오가 되어있습니까?"라는 나의 질문에 그녀는 그렇다고 대답했다.

    하나님은 그녀의 말을 그대로 받으셨다. 그날 밤 그들이 소유한 모든 것이 완전히 불타버렸다. 닭과 농장 건물들이 다 타버렸고 차고와 그 안에 주차되어있던 차들도 불에 탔다. 모든 수입을 현금으로 농장에 보관했었기 때문에 그들은 빈털터리가 되었다. 하룻밤 사이에 모든 것을 잃은 것이다.

    보험을 들어 놓았었지만 하루 전에 만기가 지났기 때문에 보험금을 받을 수도 없었다. 보험회사를 상대로 소송도 해보았지만 패소하고 말았다. 부인은 다시 찾아와 하나님이 그들의 농장과 차와 돈을 되돌려주시도록 기도해달라고 부탁했다. 내가 남편이 구원받을 수 있다면 모든 것을 잃어도 좋다고 기도하지 않았느냐고 하자 그 부인은 돌아서서 가버렸다.

    성령의 사람들은 하나님이 은혜를 베푸시기 때문에 하나님을 사랑한다.[37] 그들은 떡과 물고기를 얻으려고 주님을 따른다.[38] 주님이 복을 주시는 한 그들은 손을 내밀고 주님의 선하심을 찬양한다. 예수님이 그들에게 그분의 몸을 먹고 그분의 피를 마시라고 하시면 그들은 짐을 싸서 떠나버린다.[39] 당신은 주님이 마신 잔을 마시고 주님이 받으신 세례를 받을 수 있는가?

✱ ✱ ✱ 3장 미주

1) 눅 9:23
2) 빌 3:8
3) 고전 15:32
4) 행 14:5
5) 고후 11:24-25
6) 행 20:24; 빌 3:7, 4:11
7) 롬 6:11
8) 눅 3:17
9) 히 11:35-37
10) 계 2:10, 12:11
11) 행 8:1, 4
12) 딤후 2:12
13) 창 22:1, 4
14) 잠 25:4; 사 1:25
15) 벧전 1:7
16) 계 7:14
17) 마 27:45, 51
18) 마 27:52
19) 빌 2:4
20) 롬 1:16
21) 계 12:11
22) 요일 2:15; 마 6:19-21
23) 딤전 6:10
24) 요 10:28-29
25) 막 7:7; 히 13:9
26) 마 6:24
27) 살후 2:4, 7
28) 갈 6:8
29) 고전 6:12
30) 벧전 4:1
31) 골 3:5; 롬 8:13
32) 갈 2:20
33) 약 1:27; 롬 12:2; 요일 5:19
34) 골 3:17
35) 롬 12:20
36) 빌 3:8
37) 시 103:2
38) 요 6:26
39) 요 6:53, 66

4장

과정
나와 함께 십자가로 가자

The Process
Come with Me to the Sacrifice

Perceiving the Wheel of God

4장

과정
나와 함께 십자가로 가자

The Process
Come with Me to the Sacrifice

여호와께서 사무엘에게 이르시되 내가 이미 사울을 버려 이스라엘 왕이 되지 못하게 하였거늘 네가 그를 위하여 언제까지 슬퍼하겠느냐 너는 뿔에 기름을 채워 가지고 가라 내가 너를 베들레헴 사람 이새에게로 보내리니 이는 내가 그의 아들 중에서 한 왕을 보았느니라 하시는지라 사무엘이 이르되 내가 어찌 갈 수 있으리이까 사울이 들으면 나를 죽이리이다 하니 여호와께서 이르시되 너는 암송아지를 끌고 가서 말하기를 내가 여호와께 제사를 드리러 왔다 하고 이새를 제사에 청하라 내가 네게 행할 일을 가르치리니 내가 네게 알게 하는 자에게 나를 위하여 기름을 부을지니라 사무엘이 여호와의 말씀대로 행하여 베들레헴에 이르매 성읍 장로들이 떨며 그를 영접하여 이르되 평강을 위하여 오시나이까 이르되 평강을 위함이니라 내가 여호

와께 제사하러 왔으니 스스로 성결하게 하고 와서 나와 함께 제사하
자 하고 이새와 그의 아들들을 성결하게 하고 제사에 청하니라 그들
이 오매 사무엘이 엘리압을 보고 마음에 이르기를 여호와의 기름 부
으실 자가 과연 주님 앞에 있도다 하였더니 여호와께서 사무엘에게
이르시되 그의 용모와 키를 보지 말라 내가 이미 그를 버렸노라 내가
보는 것은 사람과 같지 아니하니 사람은 외모를 보거니와 나 여호와
는 중심을 보느니라 하시더라 이새가 아비나답을 불러 사무엘 앞을
지나가게 하매 사무엘이 이르되 이도 여호와께서 택하지 아니하셨느
니라 하니 이새가 삼마로 지나게 하매 사무엘이 이르되 이도 여호와
께서 택하지 아니하셨느니라 하니라 이새가 그의 아들 일곱을 다 사
무엘 앞으로 지나가게 하나 사무엘이 이새에게 이르되 여호와께서
이들을 택하지 아니하셨느니라 하고 또 사무엘이 이새에게 이르되
네 아들들이 다 여기 있느냐 이새가 이르되 아직 막내가 남았는데 그
는 양을 지키나이다 사무엘이 이새에게 이르되 사람을 보내어 그를
데려오라 그가 여기 오기까지는 우리가 식사 자리에 앉지 아니하겠
노라 이에 사람을 보내어 그를 데려오매 그의 빛이 붉고 눈이 빼어나
고 얼굴이 아름답더라 여호와께서 이르시되 이가 그니 일어나 기름
을 부으라 하시는지라 사무엘이 기름 뿔병을 가져다가 그의 형제 중
에서 그에게 부었더니 이날 이후로 다윗이 여호와의 영에게 크게 감
동되니라 사무엘이 떠나서 라마로 가니라(삼상 16:1-13)

우리가 하나님의 신성을 사람들에게 증언하도록 하늘의 성스러운

하나님이 우리의 영혼과 연합하여 일하시는 것이 기름 부음이다. 당신이 노래할 때 그것은 당신의 노래가 아니라 하나님의 노래다. 설교할 때 당신이 설교하는 것이 아니라 하나님이 말씀하시는 것이다. 당신이 간증하는 것은 당신의 경험이 아니라 당신을 통해 증언되는 하나님의 생명이다. 기름 부음은 하나님의 본질이다.

> 본래 하나님을 본 사람이 없으되 아버지 품속에 있는 독생하신 하나님이 나타내셨느니라(요 1:18)

우리는 하나님을 바라볼 수 없다 2000년이라는 세월이 흘렀다고 해서 하나님이 이 땅에 나타나실 때의 영광이 지워지지는 않는다. 하나님을 볼 수 있기를 바란 적이 있는가? 우리는 하나님을 그분의 말씀을 통해 보아야 한다.[1] 찬송과 말씀 속에서 그분을 들어야 한다. 누군가의 찬양 속에 계신 그분을 사랑해야 한다. 언젠가는 영광으로 가득한 그분의 모습 그대로를 보게 되겠지만 지금은 기름 부으심을 바라며 살아야 한다.

구약성경에서 제사장들이 먼저 기름 부으심을 드러냈고 다음으로 선지자들이 드러냈다. 성령의 한 형태인 기름은 기름 부으심을 상징한다.[2] 특별한 행사나 특별히 쓰임을 받게 될 사람을 위해 양의 뿔에 기름을 담아 사용하였다.[3]

하나님은 기름 부음에 쓸 관유를 준비하도록 명령하셨다.[4] 이를 위해 올리브를 짓이겨야 했다. 관유를 제작하기 위해서는 특정한 제조

법에 따라 향료와 기름을 섞어야 했다. 관유는 눈으로 보고 코로 냄새 맡고 손으로 만질 수 있었다. 그것은 예수 그리스도 안에서 교회에 주어지게 될 것의 상징이었다. 예수님은 그분의 임재를 통해 영광과 즐거움의 기름으로 우리에게 부으실 것이다.[5] 그리스도의 본질은 그의 몸에 있다. 그분의 기름 부으심은 고귀하다.

하나님은 기름을 부어 선지자를 따로 세우셨다. 기름 부으심은 중심을 바로잡는 것이다. 하나님은 우리에게 그의 정수를 부어주신다. 선지자들은 환상을 보고 예언을 하기 위해 하나님의 정수를 받아야 했다.[6] 그렇지 않으면 육체의 눈으로 볼 수 있는 만큼밖에 보지 못하고 사람의 마음으로 예측하는 만큼밖에 예언하지 못한다. 하나님의 이끄심이 있어야만 하나님의 눈으로 보는 것같이 예언할 수 있다.[7] 천사들이 할 수 있기를 소망하는 것들이 우리의 찬송에 들어있다. 하나님의 본질이 여기에 있다.

사무엘은 아주 어린아이였을 때 하나님께 드려져서 성전에서 자랐다. 사무엘의 어머니가 사무엘을 성전으로 데리고 가서 제사장 엘리에게 맡겼다.[8] 바로 그 성전에서 그녀는 아들을 허락하신다면 평생 그 아들을 주님께 드리겠다고 약속했었다.[9]

성경은 엘리가 그녀의 얼굴을 주목했다고 기록한다.[10] 그녀가 깊이 흐느껴 울고 있어 엘리는 특별한 관심을 두었다. 입술은 움직이는데 말소리는 들리지 않자 엘리는 성전에서 술에 취해 있다고 그녀를 질책했다. 하지만 그녀는 술에 취한 것이 아니라 주님께 자신의 심정을 쏟아내고 있는 중이었다. 엘리는 그 사실을 알고서 주님이 너의 소원을 이루어주실 것이라고 말했다.

　사무엘의 어머니는 주님께 사무엘을 다 드리지 않고 빌려드렸다. 그녀는 사무엘을 위해 기도하는 권리는 포기하지 않았다. 못 갖던 아이를 갖게 하는 그 능력의 기도로 성전에서 외롭게 지내는 아이를 위해 기도했다. 주님이 자기 이름을 부르시는 것을 사무엘이 처음 들었을 때도 그녀는 사무엘을 위해 기도하고 있었을 것이다.

> 아이 사무엘이 엘리 앞에서 여호와를 섬길 때에는 여호와의 말씀이 희귀하여 이상이 흔히 보이지 않았더라 엘리의 눈이 점점 어두워가서 잘 보지 못하는 그때에 그가 자기 처소에 누웠고 하나님의 등불은 아직 꺼지지 아니하였으며 사무엘은 하나님의 궤 있는 여호와의 전 안에 누웠더니 여호와께서 사무엘을 부르시는지라 그가 대답하되 내가 여기 있나이다 하고 엘리에게로 달려가서 이르되 당신이 나를 부르셨기로 내가 여기 있나이다 하니 그가 이르되 나는 부르지 아니하였으니 다시 누우라 하는지라 그가 가서 누웠더니 여호와께서 다시 사무엘을 부르시는지라 사무엘이 일어나 엘리에게로 가서 이르되 당신이 나를 부르셨기로 내가 여기 있나이다 하니 그가 대답하되 내 아들아 내가 부르지 아니하였으니 다시 누우라 하니라 사무엘이 아직 여호와를 알지 못하고 여호와의 말씀도 아직 그에게 나타나지 아니한 때라 여호와께서 세 번째 사무엘을 부르시는지라 그가 일어나 엘리에게로 가서 이르되 당신이 나를 부르셨기로 내가 여기 있나이다 하니 엘리가 여호와께서 이 아이를 부르신 줄을 깨닫고 엘리가 사무

엘에게 이르되 가서 누웠다가 그가 너를 부르시거든 네가 말하기를 여호와여 말씀하옵소서 주의 종이 듣겠나이다 하라 하니 이에 사무엘이 가서 자기 처소에 누우니라(삼상 3:1-9)

주님은 사무엘을 권능의 선지자로 세우셨다. 사무엘의 말은 하나도 땅에 떨어지지 않았다.[11] 그가 말한 것은 모두 이루어졌다. 늙은 사무엘이 베들레헴에 갔을 때 성읍 장로들은 그를 보고 떨었다. 그의 말은 곧 하나님의 말씀이었다.

사무엘이 하나님의 말씀을 피하려고 했던 유일한 때는 새로 왕이 될 사람에게 기름을 부으라고 보내심을 받았을 때였다. 그 전에는 하나님이 하라고 하시는 것에 대해 질문하지 않고 그대로 행했다.

하나님은 사무엘에게 더는 사울을 위해 울지 말라고 말씀하셨다. 사무엘은 그때까지도 수레바퀴 아래 숨어있던 키 큰 소년을 끌어내던 일을 기억하고 있었다.[12] 사울은 기스 집안의 아들이었고 겸손했다.[13] 이스라엘 백성은 "하나님이여 왕을 도우소서!"라고 외쳤다.[14] 하나님은 최선을 다해 사울 왕을 돕고자 하셨지만 사울은 하나님의 도움을 거부했다. 그때부터 그는 내리막으로 치달았다. 처음에는 겸손했지만 나중에는 왕만이 아니라 제사장까지 되기를 원했다.[15] 급기야 하나님의 성물에 손을 댈 정도로 하나님과 하나님의 사람에 대해 참고 기다리지 못했다.

하나님은 사울을 역겨워하셨다.[16] 하지만 사무엘은 마음이 여려 자기 손으로 기름 부은 소년에 대해 안타까운 심정이 들었다. 하나님은 사무엘에게 사울 때문에 울지 말라고 하셨다. 하나님은 다른 소년을 찾아내셨고 사무엘에게 뿔에 기름을 채우고 가서 그를 새 왕으로 기름 부으라고 명하셨다. 신성의 본질이 그 위에 있었다.

사무엘은 사울이 자기를 죽일 것이기 때문에 그렇게 할 수 없다고 말했다. 사무엘은 왜 사울을 두려워했을까? 그의 말은 이루어지지 않는 것이 없었으므로 오히려 자신의 말 한마디로 사울을 죽일 수도 있었다.

시간과 주위 사람들의 압력 때문에 흔들리게 되는 경우가 있다. 사무엘에게 하나님은 길을 열어주셨다. 사무엘은 사울의 저주에서 벗어나기 위해 어린 암소를 취하고 "하나님께 제사하러 간다"고 말했다.

하나님이 한 사람을 피하기 위해서 책략을 꾸미셔야 했을까? 하나님은 1,500억 개의 성운이 적절한 궤도를 따라 운행하도록 하신 분이다. 하나님은 태양을 지구로부터 1,500억 킬로미터 거리에 두어야만 인간이 타지 않고 적당한 열을 받을 수 있다는 것을 아시고 그렇게 하셨다. 하나님은 땅에서 나무가 자라도록 만드셨다. 그분은 젖소가 풀을 먹고 우유와 버터를 내도록 하시고 아이들의 얼굴을 자신의 손가락으로 친히 만드신다.

사무엘은 자신이 베들레헴으로 가서 새 왕에게 기름을 붓게 되리라는 것을 알았다. 하지만 하나님은 사무엘에게 희생 제물을 바치러 간다고 말하라고 하셨다. 기름 부으심은 능력이다.[17] 기름 부으심은 하나님이다. 희생은 피 흘려 죽는 것이다. 희생은 약함이다. 희생은 우리가 하나님께 다가갈 수 없기 때문에 바쳐지는 것이다. 희생과 피 뿌

림은 우리를 하나님께로 가까이 갈 수 있도록 하는 유일한 방법이다.[18] 전능하신 하나님이 사울을 피하셔야 했는가? 하나님이 사악한 왕을 피해가기 위해 속임수를 쓰셔야 했는가?

그렇지 않다. 사무엘은 실제로 제사를 드리러 간 것이다. 이것이 기름 부으심의 더 깊은 의미다. 사람들은 영광을 바라지만 영광을 얻기 위해 치러야 하는 대가는 치르려고 하지 않는다.

기름 부으심을 받을 때 희생이 따라온다. 하나님의 임재와 본질 속에서 자기를 완전히 잃어버린다.

> 이에 예수께서 제자들에게 이르시되 누구든지 나를 따라오려거든 자기를 부인하고 자기 십자가를 지고 나를 따를 것이니라(마 16:24)

사무엘은 희생이 기름과 함께 온다는 것을 발견했다. 누구나 기름 부으심을 사모한다. 그러나 그것은 쉽게 오는 것이 아니다. 하나님의 본질은 귀중한 것이다. 많은 사람이 하나님의 정수를 한두 번 접촉해 보았겠지만 진정으로 축복받은 사람은 날마다 순간마다 하나님의 권능의 본질과 더불어 기도로 살아간다.

다윗은 형들의 질시를 받으며 머리에 기름 부음을 받았다. 그는 엘리압이 찾아왔을 때 목장에서 하프를 연주하고 노래를 지으며 아버지의 양들을 돌보고 있었다.[19] 엘리압은 이 일이 마음에 들지 않았다. 형제들을 줄지어 세워놓고 사무엘은 다윗의 머리에 기름을 부었다.

다윗은 무슨 일이 벌어지고 있는지 몰랐다. 그는 아직 어린아이였고 그로부터 15년 뒤에야 그에게 일어난 일이 무엇이었는지 깨달았다. 다윗은 그의 소중한 친구 요나단을 잃었다.[20] 그는 사울을 피해 아둘람 굴에 숨었다. 그의 성읍은 불탔고[21] 아내들은 적들에게 사로잡혔다.[22] 그는 자기가 골리앗을 죽인 다윗이라는 것을 블레셋 사람들이 알아채지 못하도록 미치광이 행세를 했다.[23] 다윗은 하나님의 정수를 받았을 뿐 아니라 희생을 요구받았다. 그는 자신의 마음과 어깨를 돌림판에 올려놓아야 했다.

그의 아들 중에 다윗의 보좌에 영원히 앉게 될 메시아가 나게 되어 있었다.[24] 다윗은 젊어서는 사울에게 쫓겨 다녔고[25] 늙어서는 자신이 짓지 못하는 성전을 준비하기 위해 자재를 모아야 했다.[26] 그는 그리스도가 그의 영광 중에 나서 죽고 부활하는 것을 보았다.[27]

> 내가 여호와를 항상 내 앞에 모심이여 그가 나의 오른쪽에 계시므로 내가 흔들리지 아니하리로다 이러므로 나의 마음이 기쁘고 나의 영도 즐거워하며 내 육체도 안전히 살리니 이는 주께서 내 영혼을 스올에 버리지 아니하시며 주의 거룩한 자를 멸망시키지 않으실 것임이니이다(시 16:8-10)

다윗은 교회의 출발이 되는 근원적인 예언의 출처가 되었다. 하나님은 다윗이 성전을 건축할 자격이 없다고 말씀하셨다.

내 아버지 다윗이 이스라엘의 하나님 여호와의 이름을 위하여 성전을 건축할 마음이 있었더니 여호와께서 내 아버지 다윗에게 이르시되 네가 내 이름을 위하여 성전을 건축할 마음이 있으니 이 마음이 네게 있는 것이 좋도다 그러나 너는 그 성전을 건축하지 못할 것이요 네 허리에서 나올 네 아들 그가 내 이름을 위하여 성전을 건축하리라 하시더니 (대하 6:7-9)

기름 부으심과 외로움은 함께 온다. 다윗이 그의 원수들을 죽인 것이 하나님의 뜻을 행하는 것이 아니었던가?[28] 그가 이스라엘의 모든 대적을 정복한 것이 하나님의 뜻이 아니었던가?[29] 그렇다. 다윗은 전심으로 하나님의 뜻을 행했다.

다윗은 기름 부으심을 받는 데서 그치지 않고 암소를 잡아 제물을 바치기까지 했다.

십자가에는 21세기의 교회가 반드시 드러내야만 하는 형상이 있다. 기름 부으심이라는 가로 막대 하나만으로는 그리스도를 죽음의 세계에 확실하게 달아맬 수 없다. 십자가에 세로 기둥만 있다면 예수님의 발을 못 박을 수는 있겠지만 예수님의 얼굴은 땅에 처박혀 온 세상 앞에 부끄러움이 될 것이다. 십자가는 두 막대가 필요하다. 이를 부인한다면 기독교를 생명 없는 종교로 만들어버릴 것이다. 세로 막대는 하나님을 향하지만 가로 막대는 예수님의 팔을 벌려 그분의 마음을 드러내고 그분의 사랑이 베풀어지도록 한다. 십자가를 공격하는 세력은 항상 있다.[30] 어떤 그리스도인들은 직장에서 믿지 않는 사람들을 침해하지 않으려고 그들과 비슷하게 되려고 애쓴다. 하지만 우리는 믿지 않는 사람들을 침해해야 한다. 그들을 침해하지 않으려는 것은 십자가의 형상을 바꾸려는 시도다. 십자가에는 항상 공격이 있다.

  기름 부으심과 큰 영광에는 희생이 따른다. 우리는 매일 십자가를 져야 한다. 십자가를 견디지 못하면 면류관을 쓸 수 없다.[31] 하나님의 뜻을 온전히 따르는 사람으로 성장할 소년에게 기름을 붓기 위해서는 암소를 잡아 제물로 바쳐야 한다.[32] 기름 부으심이 있으려면 희생이 따라야 한다. 기름 부으심과 희생은 항상 함께한다.

> 그날에 그들 중 둘이 예루살렘에서 이십오 리 되는 엠마오라 하는 마을로 가면서 이 모든 된 일을 서로 이야기하더라 그들이 서로 이야기하며 문의할 때에 예수께서 가까이 이르러 그들과 동행하시나 그들의 눈이 가리어져서 그인 줄 알아보지 못하거늘 예수께서 이르시되 너희가 길 가면서 서로 주고받고 하는 이야기가 무엇이냐 하시니 두 사람이 슬픈 빛을 띠고 머물러 서더라 그 한 사람인 글로바라 하는 자가 대답하여 이르되 당신이 예루살렘에 체류하면서도 요즘 거기서 된 일을 혼자만 알지 못하느냐 이르시되 무슨 일이냐 이르되 나사렛 예수의 일이니 그는 하나님과 모든 백성 앞에서 말과 일에 능하신 선지자이거늘 우리 대제사장들과 관리들이 사형 판결에 넘겨주어 십자가에 못 박았느니라 우리는 이 사람이 이스라엘을 속량할 자라고 바랐노라 이뿐 아니라 이 일이 일어난 지가 사흘째요 또한 우리 중에 어떤 여자들이 우리로 놀라게 하였으니 이는 그들이 새벽에 무덤에 갔다가 그의 시체는 보지 못하고 와서 그가 살아나셨다 하는 천사들의

나타남을 보았다 함이라 또 우리와 함께한 자 중에 두어 사람이 무덤에 가 과연 여자들이 말한 바와 같음을 보았으나 예수는 보지 못하였느니라 하거늘 이르시되 미련하고 선지자들이 말한 모든 것을 마음에 더디 믿는 자들이여 그리스도가 이런 고난을 받고 자기의 영광에 들어가야 할 것이 아니냐 하시고 이에 모세와 모든 선지자의 글로 시작하여 모든 성경에 쓴 바 자기에 관한 것을 자세히 설명하시니라 그들이 가는 마을에 가까이 가매 예수는 더 가려 하는 것같이 하시니 그들이 강권하여 이르되 우리와 함께 유하사이다 때가 저물어가고 날이 이미 기울었나이다 하니 이에 그들과 함께 유하러 들어가시니라 그들과 함께 음식 잡수실 때에 떡을 가지사 축사하시고 떼어 그들에게 주시니 그들의 눈이 밝아져 그인 줄 알아보더니 예수는 그들에게 보이지 아니하시는지라 그들이 서로 말하되 길에서 우리에게 말씀하시고 우리에게 성경을 풀어주실 때에 우리 속에서 마음이 뜨겁지 아니하더냐 하고 곧 그때로 일어나 예루살렘에 돌아가 보니 열한 제자 및 그들과 함께 한 자들이 모여있어 말하기를 주께서 과연 살아나시고 시몬에게 보이셨다 하는지라 두 사람도 길에서 된 일과 예수께서 떡을 떼심으로 자기들에게 알려지신 것을 말하더라(눅 24:13-35)

    이 말씀은 성경에서 가장 영광스러운 사건인 그리스도의 십자가 사건 다음에 등장한다.

    십자가의 도가 멸망하는 자들에게는 미련한 것이요 구원을 받는 우

리에게는 하나님의 능력이라(고전 1:18)

　그리스도를 채찍과 곤봉으로 따린 후 614명의 거친 병사가 예수님의 얼굴을 거세게 치고33) 수염을 잡아 뽑았다.34) 털이 뽑힌 예수님의 뺨과 턱은 피로 얼룩졌다. 예수님의 얼굴은 성난 군중들이 뱉은 가래침으로 뒤덮였다. 나무를 지고 고문을 당하신 예수님의 등은 아홉 가닥 난 채찍으로 맞아 갈아엎은 밭처럼 보였다. 그들은 예수님을 채찍질을 할 때 끝에 쇠와 뼈 조각이 달린 아홉 가닥 채찍을 척추에서부터 배까지 끌어당겨 살을 찢어냈다.35)

　예수님은 십자가에 달려서 이리저리 뒤척이며 통증과 경련을 피해 보려고 애쓰셨다.36) 다리에 힘을 주어 상처 난 등을 찌르는 거친 십자가에서 떨어져 보려고 했지만 곧바로 다리에 쥐가 나서 십자가에 다시 기댈 수밖에 없었다. 머리가 십자가에 닿을 때마다 가시면류관이 더 깊숙이 살갗을 파고들었다.37)

　이사야 선지자는 예수님이 태어나기 730년 전에 예수님에 대해 선포했다.

> 전에는 그의 모양이 타인보다 상하였고 그의 모습이 사람들보다 상하였으므로 많은 사람이 그에 대하여 놀랐거니와(사 52:14)

> 그는 멸시를 받아 사람들에게 버림받았으며 간고를 많이 겪었으며 질고를 아는 자라 마치 사람들이 그에게서 얼굴을 가리는 것같이 멸

시를 당하였고 우리도 그를 귀히 여기지 아니하였도다(사 53:3)

예수님은 보기 좋은 모습이 아니었다.

예수님이 머릿짓 한 번만 해도 천사들이 예수님을 십자가에서 구출하여 하늘로 올려질 수 있었지만 예수님은 그렇게 하기를 거절하셨다.[38] 예수님은 십자가에서 돌아가셨고 그렇게 끝이 났다.[39]

끝난 것은 예수님만이 아니었다. 예수님을 사랑한 제자들과 예수님을 따랐던 모든 사람의 마음도 끝이 났다. 예수님이 기적을 베푸시는 것을 보았던 사람들은 그 기적들이 진짜였는지 의아해졌다. 어린아이의 도시락으로 5000명을 먹였던 사람이 어떻게 이렇게 죽어버릴 수 있단 말인가?[40]

제자 중 두 사람이 엠마오로 가고 있었다. 희망과 가능성을 포기하고 기적과 기사와 표적을 떠나 고향으로 가고 있었다. 그들은 벌어진 일들에 대해 서로의 생각을 이야기하면서 가고 있었다.

예수님이 그들에게 다가가셔서 함께 걸었지만 그들의 눈이 "가려져서 예수님을 알아보지 못했다." 예수님은 자신을 숨기지 않으셨다. 예수님이 얼굴을 가려 그들이 알아보지 못하도록 한 것이 아니다.

> 그 후에 그들 중 두 사람이 걸어서 시골로 갈 때에 예수께서 다른 모양으로 그들에게 나타나시니 두 사람이 가서 남은 제자들에게 알리었으되 역시 믿지 아니하니라(막 16:12-13)

예수님이 나타나신 것을 보면서도 그들은 예수님의 모습을 알아볼 수가 없었다. 예수님을 보았지만 그분이 예수님이라는 것을 믿을 수가 없었던 것이다. 그들은 예수님이 돌아가셨다고 확신했으므로 예수님을 알아보지 못했다. 그들은 예수님이 십자가에 달리신 것을 보았고, 그 시체를 내려 향품과 함께 세마포로 싸서 무덤에 장사지냈기 때문에[41] 자기들 앞에 서있는 살아있는 사람이 예수님이라고 생각할 수가 없었다. 고통이 그들의 눈을 멀게 했다.

선입관에 기초한 생각들이 모든 교회를 눈멀게 하고 있다. 교회가 예수님을 알아보지 못하는 이유는 예수님이 어떤 모습이어야 하고 어떤 방식으로 나타나셔야 하는지에 대해 선입관이 있기 때문이다. 어떤 사람들은 예배 시간에는 특정한 형태의 음악만이 연주되어야 한다고 생각한다. 예배에 맞는 리듬 형태가 따로 있다는 것이다. 그들에게는 예수님이 어떤 분인지 하는 것이 음악으로 결정된다. 어떤 사람들은 인종적인 이유를 들어 피부색이 다른 사람들과는 예배를 드릴 수 없다고 생각하고, 또 어떤 사람들은 특정 이념에 사로잡혀 하나님을 자기들이 생각하는 시간, 공간, 철학의 테두리 안으로 제한하려고 한다. 이런 사람들은 예수님이 곁에 계시는데도 그분을 알아보지 못한다.

지혜로운 사람들은 아기의 웃음 속에서, 천둥소리나 번개의 섬광에서 예수님을 본다. 그들은 벌새의 숨결 속에서 예수님의 음성을 듣고 독수리의 힘찬 비행 속에서 예수님을 본다.

두 제자는 자기들의 생각을 이야기하며 걷고 있었다. 예수님이 무슨 이야기를 하느냐고 물었을 때 그들은 예수님에게 외지에서 왔느냐고 되물었다. 그분이 십자가에 달렸던 바로 그 사람이라면 자기들이 무슨 이야기를 하고 있는지 알았을 것이라고 생각한 것이다.

"우리는 그분이 이스라엘을 회복하실 구세주라고 믿었었습니다."

그들은 이스라엘을 회복하셨어야 했는데 그렇게 못하신 예수님께 화가 났다.42) 그분의 영광은 그들을 의기양양하게 만들었고 그의 권능은 그들에게 희망을 주었었다. 소경의 눈을 뜨게 할 수 있는 분이라면 43) 이스라엘을 위기에서 건져낼 수 있을 것이라는 생각이 그들에게 있었다. 예수님이야말로 이스라엘을 이방인의 통치에서 해방시켜 독립국가로 만들 수 있는 분이라고 믿었다.

> 그들이 모였을 때에 예수께 여쭈어 이르되 주께서 이스라엘 나라를 회복하심이 이때니이까 하니(행 1:6)

그들은 예수님이 백마를 타고 열두 마리 말을 탄 군대를 이끌어 헤롯에게로 쳐들어가 성전을 무너뜨리고 불을 질러버릴 것을 기대했다.44) 그리고는 로마로 진군하여 그들을 착취한 로마인들에게 복수를 하게 될 것이라고 생각했다.45) 그들이 골몰했던 것은 국가의 정치적 상태에 관한 것이었다. 이스라엘에서 이방인을 몰아내는 것만이 그들의 관심사였다.46)

예수님은 산에 올라가 모세와 엘리야와 더불어 대화를 나누시면서 모습이 변하셨다.47) 제자들은 꿈을 꾸지 말고 예수님의 말씀을 들었어야 했다.48) 대화의 주제는 예루살렘에서 이루어질 '예수님의 죽음'이었다.

> 문득 두 사람이 예수와 함께 말하니 이는 모세와 엘리야라 영광 중에 나타나서 장차 예수께서 예루살렘에서 별세하실 것을 말할새(눅 9:30-31)

예수님은 자신이 예루살렘 언덕 위 십자가에 못 박혀 죽을 것에 대해 제자들에게 미리 알려주셨다.[49] 예수님은 모세와 엘리야에게 자신이 어떻게 죽을 것이고 죽음의 결과가 무엇일지 이야기하셨다. 하지만 제자들은 당장 눈앞에 보이는 일에 흥분하여 예수님이 말씀하시는 것을 놓쳤다.

모세는 율법을 대표하고[50] 엘리야는 선지자를 대표한다.[51] 예수님은 십자가에서 그 두 가지를 모두 이루셨다. 모세는 약속의 땅에 들어가지 못하고 죽었기에 예수님에게 영광을 앞두고 죽는다는 것이 어떤 것인지 이야기해주었을 것이다.[52] 예수님은 영광을 보기 전에 십자가의 죽음을 통과하셔야 했다.[53] 엘리야는 죽지 않고 하늘에 들려 올라간다는 것이 어떤 것인지 알고 있었다.[54] 예수님은 부활하셔서 하늘로 올려질 것이었다.[55]

제자들은 예수님이 말씀하시는 것을 들었어야만 했다. 예수님은 십자가에 달려 죽었다가 사흘 만에 부활하실 것을 제자들에게 여러 번 설명하셨다.[56] 하지만 그들은 예수님이 말씀하시는 것을 알아듣지 못했다.[57] 그들은 예수님의 권능에 눈이 멀어있었다.

제자들의 관심사는 현세의 왕국뿐이었고 그밖에 것은 전혀 들으려고 하지 않았기에 자신들의 관심에서 벗어나는 일을 이해할 수 없었다. 예수님이 돌아가시자 제자들은 꿈을 잃었고 예수님이 하신 일들에 대한 믿음을 유지할 수 없었다.

*** 4장 미주

1) 요 1:1, 14
2) 출 40:15
3) 삼하 22:3; 눅 1:69; 삼상 16:13, 2:1
4) 출 30:22-28, 37:29
5) 시 45:7; 히 1:9
6) 삼상 9:9
7) 민 24:3
8) 삼상 1:24-28
9) 삼상 1:11
10) 삼상 1:12
11) 삼상 3:19
12) 삼상 10:22
13) 삼상 9:1-2
14) 삼상 10:24
15) 삼상 13:9
16) 삼상 16:1
17) 사 10:27
18) 히 9:22; 레 17:11; 마 26:28
19) 삼상 16:11; 시 78:70-71
20) 삼하 1:4
21) 삼상 30:1
22) 삼상 30:5
23) 삼상 21:13
24) 대상 17:11-14
25) 삼상 23:25-26
26) 대상 22:7-8
27) 행 2:29-36
28) 삼상 17:46, 51
29) 대상 18장
30) 요 16:2
31) 딤후 4:8; 고전 9:25
32) 삼상 13:14
33) 눅 22:64
34) 사 50:6
35) 사 53:5; 벧전 2:24
36) 시 22:14-16
37) 막 15:17
38) 시 91:11; 마 4:6; 눅 4:10
39) 요 19:30
40) 요 6:9; 막 6:44
41) 막 15:46; 눅 23:53-56; 요 19:38-42
42) 행 1:6
43) 요 9:1-41
44) 계 19:11-14; 막 13:1-2
45) 막 12:13-17
46) 행 11:1-3
47) 마 17:3
48) 마 17:22-23
49) 마 16:21
50) 막 1:44
51) 말 4:5
52) 신 32:48-52
53) 히 12:2
54) 왕하 2:11
55) 고전 15:4; 행 1:9
56) 마 16:21, 17:22-23, 20:19
57) 마 13:15

5장

과정
떡을 떼는 순서

The Process
The Order of Breaking Bread

Perceiving the Wheel of God

5장 과정
떡을 떼는 순서

The Process
The Order of Breaking Bread

이르시되 미련하고 선지자들이 말한 모든 것을 마음에 더디 믿는 자들이여 그리스도가 이런 고난을 받고 자기의 영광에 들어가야 할 것이 아니냐 하시고 이에 모세와 모든 선지자의 글로 시작하여 모든 성경에 쓴 바 자기에 관한 것을 자세히 설명하시니라…떡을 가지사 축사하시고 떼어 그들에게 주시니 그들의 눈이 밝아져 그인 줄 알아보더니…(눅 24:25-27, 30-31)

어떤 사람과 오래 함께 지냈다면 그 사람을 오랫동안 보지 못했거나 그 사람이 성형수술을 했다고 해도 금방 알아볼 수 있다. 제자들은 예수님의 음성을 듣고 대화하면서 그분을 알아보았어야 했다.[1] 그들은 그분의 모습을 보고 예수님인 줄 알았어야 했다. 그분의 자태와 걸

음걸이를 보고 "예수님이시다"라고 소리쳤어야 했다. 그들은 예수님과 3년간 함께 지냈다. 예수님이 걸으실 때 팔을 어떻게 젓는지도 알 수 있을 만한 기간이다.

> 내 양은 내 음성을 들으며 나는 그들을 알며 그들은 나를 따르느니라 (요 10:27)

> 타인의 음성은 알지 못하는 고로 타인을 따르지 아니하고 도리어 도망하느니라(요 10:5)

> 마리아는 무덤 밖에 서서 울고 있더니 울면서 구부려 무덤 안을 들여다보니 흰 옷 입은 두 천사가 예수의 시체 뉘었던 곳에 하나는 머리 편에 하나는 발 편에 앉았더라 천사들이 이르되 여자여 어찌하여 우느냐 이르되 사람들이 내 주님을 옮겨다가 어디 두었는지 내가 알지 못함이니이다 이 말을 하고 뒤로 돌이켜 예수께서 서계신 것을 보았으나 예수이신 줄은 알지 못하더라 예수께서 이르시되 여자여 어찌하여 울며 누구를 찾느냐 하시니 마리아는 그가 동산지기인 줄 알고 이르되 주여 당신이 옮겼거든 어디 두었는지 내게 이르소서 그리하면 내가 가져가리이다 예수께서 마리아야 하시거늘 마리아가 돌이켜 히브리 말로 랍오니 하니(이는 선생님이라는 말이라)(요 20:11-16)

마리아는 목소리로 그분이 예수님이라는 것을 알았다. 대체로 여자들이 남자들보다 더 민감하고 빨리 반응하며 더 순종적이다. "마리아야!"라고 부르시는 예수님의 음성만 듣고도 마리아는 예수님을 알아볼 수 있었다.

예수님은 엠마오로 내려가는 제자 둘과 10킬로미터가 넘는 길을 함께 걸으면서 자신에 대해서 계속 말씀하셨다. 그들은 예수님의 모습과 음성과 말씀으로 그분이 예수님이라는 것을 알았어야 했다.

내가 거기에 있었으면 얼마나 좋았을까. 예수님은 아담과 하와2)에서부터 시작해서 모세와 선지자들이 예수님 자신에 대해서 선포한 모든 것을 말씀하셨다. 그들은 메시아에 관해 언급된 22,000개의 성경 구절을 다루었을 것이다. 예수님은 성경에서 자신을 다룬 부분을 한 구절도 빼지 않고 모두 말씀하셨을 것이다.

그들은 형식이나 교회 조직, 종교 체제, 이념에서 벗어나 있는 그대로의 실체에 집중했어야 했다. 예수님의 존재는 그 모든 것을 뛰어넘었지만 인간은 자신이 만든 체계에 갇혀 하나님의 권능과 임재를 통해 그분을 아는 것이 불가능하게 되었다.

엠마오로 가던 두 제자가 자신들의 선입관으로 인해 예수님을 알아보지 못했던 것과 같은 현상이 오늘날의 교회에서도 일어나고 있다.3) 오늘날의 많은 오순절파와 은사주의 신도가 자신들의 생각을 넘어 예수님을 바라보지 못하기 때문에 더 깊은 계시에 대해 눈이 가려져 있다.

이르시되 미련하고 선지자들이 말한 모든 것을 마음에 더디 믿는 자

들이여 그리스도가 이런 고난을 받고 자기의 영광에 들어가야 할 것이 아니냐 하시고(눅 24:25-26)

두 제자는 이 말씀을 하시는 분이 예수님이라는 것을 알아보았어야 했다. 왜냐하면 예수님이 같은 말씀을 전에도 하신 적이 있기 때문이다. "화 있을진저 외식하는 서기관들과 바리새인들이여 잔과 대접의 겉은 깨끗이 하되 그 안에는 탐욕과 방탕으로 가득하도다."[4] 그들은 겉은 아름답게 보이나 그 안에는 죽은 사람의 뼈가 가득한 회칠한 무덤이었다.[5] 이런 사람들이 바로 '미련한 자들'이다.

예수님은 선지자들이 말한 '모든 것'을 믿어야 한다고 말씀하셨다. 사람들이 '모든 것'이 아닌 일부에 만족하기에 종교에 매이게 된다. 그들은 예수님이 백마를 타고[6] 철장으로 만국을 다스리시는[7] 영광스러운 부분만을 받아들인다.

히브리의 한 학파는 메시아가 유다의 자손으로서 통치하는 왕으로 오실 것이라고 주장했다. 영광의 왕인 메시아가 지옥의 문을 정복하고 다윗 왕의 보좌에 앉아[8] 강한 위엄으로 하늘과 땅의 모든 나라를 다스리신다는 것이다.[9]

> 문들아 너희 머리를 들지어다 영원한 문들아 들릴지어다 영광의 왕이 들어가시리로다 영광의 왕이 누구시냐 강하고 능한 여호와시요 전쟁에 능한 여호와시로다 문들아 너희 머리를 들지어다 영원한 문들아 들릴지어다 영광의 왕이 들어가시리로다 영광의 왕이 누구시냐

만군의 여호와께서 곧 영광의 왕이시로다(셀라)(시 24:7-10)

다른 학파는 메시아가 요셉의 자손이라고 주장했다. 요셉은 구덩이에 빠졌고[10] 감옥에 갇혔다.[11] 요셉은 보디발의 집에 팔려갔다.[12] 메시아는 요셉처럼 고난당하는 구원자로 오신다는 것이다.

> 그가 찔림은 우리의 허물 때문이요 그가 상함은 우리의 죄악 때문이라 그가 징계를 받으므로 우리는 평화를 누리고 그가 채찍에 맞으므로 우리는 나음을 받았도다 우리는 다 양 같아서 그릇 행하여 각기 제 길로 갔거늘 여호와께서는 우리 모두의 죄악을 그에게 담당시키셨도다(사 53:5-6)

한 학파는 메시아를 왕이라고 하고 다른 학파는 고난당하는 구원자라고 했다. 예수님은 그 중간에 서서 "어리석은 자들아! 선지자들이 말한 모든 것을 받아들이라!"고 말씀하셨다. 하지만 그들은 메시아가 요셉의 자손이면서 동시에 유다의 자손일 수 있다는 것을 받아들이지 못했다.

오늘날에도 같은 일이 벌어지고 있다. 어떤 사람들은 하나님이 우리의 모든 필요를 채워주실 것이라고 말한다.[13] "당신이 원하는 것은 모두 이루어질 것입니다. 염려하지 마십시오. 당신을 위해 모든 것이 이미 주어져 있습니다. 당신에게 고난은 없을 것입니다. 하나님은 당신을 풍요롭고 부유하게 하시고 부족함이 없게 하실 것입니다.[14] 그렇다는 것을 믿으십니까? 그렇게 되기를 원하십니까? 당신이 하나님을 섬기면 저택에 살면서 좋은 차를 타고 다니게 될 것입니다. 하나님이 좋은 직장도 주실 것입니다. 하나님은 당신의 모든 필요를 채우시는 분이시므로 당신은 환상적인 삶을 살게 될 것입니다." 이런 사람들에게 예수님은 유다의 자손일 뿐이다.

어떤 사람들은 좋은 집에 살면서 좋은 차를 타고 다니는 사람들은 지옥에 갈 것이라고 말한다.[15] 이들은 예수님을 요셉의 자손으로서 고난당하는 구원자로 본다. 그리고 더 열심히 기도하며 하나님을 찾아야 한다고 말한다.

여전히 같은 싸움이 반복되고 있다. "그리스도 예수 안에서 경건하게 살고자 하는 사람은 누구나 박해를 받으리라"[16]는 것과 동시에 고난을 허락하시는 바로 그 그리스도께서 당신을 영광 중에 일으키실 것[17]이라고 가르치는 복음의 통합성을 제대로 깨닫지 못하고 있다.

> 내가 어려서부터 늙기까지 의인이 버림을 당하거나 그의 자손이 걸식함을 보지 못하였도다(시 37:25)

엠마오로 가던 두 제자가 10킬로미터가 넘는 거리를 예수님과 함께 가는 동안 그분을 알아보지 못했다는 것이 이해가 되지 않는다. 어떻게 가장 친한 친구이자[18] 선생,[19] 설교자,[20] 감독[21]이신 분과 그 먼 길을 함께 가면서 알아보지 못할 수 있었을까? 예수님이 식탁에 앉아서 떡을 나눠주실 때에야 비로소 그들은 예수님을 알아보았다. 예수님이 그 먼 길을 오는 동안 하지 않으시다가 비로소 하신 그 일이 무엇일까? 예수님이 하신 무언가가 그들의 눈을 뜨게 했기에 그들이 예수님을 알아볼 수 있었다. 그들은 예수님이 성경을 가르치실 때 마음이 뜨거워졌기 때문에 자신들에게 무슨 일이 일어났다는 것은 알았지만 무엇인지는 알지 못했다. 그것이 믿음이다. 무언가 일어나고 있다는 것은 알지만 그것이 무엇인지는 알 수 없다.[22] 하지만 예수님이 식탁에 앉아서 하신 일이 두 제자에게 예수님을 알아볼 수 있게 하는 정도의 영향력이 있는 일이었다면 그것이 무엇인지 잘 살펴볼 필요가 있다.

> 그들과 함께 음식 잡수실 때에 떡을 가지사 축사하시고 떼어 그들에게 주시니 그들의 눈이 밝아져 그인 줄 알아보더니 예수는 그들에게 보이지 아니하시는지라(눅 24:30-31)

예수님이 떡을 가지고, 축사하고, 떼어 그들에게 주었다. 그러자 그들의 눈이 '확' 열려 보게 되었다.

1. 떡을 집어 드셨다.
2. 축복 기도를 하셨다.
3. 떡을 쪼개 나누셨다.
4. 그들에게 떡을 주셨다.

이 행동은 일상적인 식탁 의례가 아니라 성령의 인도에 따라 진행

된 절차였다. 그 영향력으로 볼 때 이 절차가 문제를 해결하는 중요한 열쇠임이 분명하다. 우리는 온종일 지옥의 문들에 대항하여 전쟁을 치르느라 멍들고 지친 상태가 될 수 있다. 그렇게 해서 그 문들을 조금 구부러뜨릴 수는 있겠지만 문제는 여전히 해결되지 않고 남아있다. 예수님은 우리에게 지옥의 문들을 무너뜨릴 힘을 주겠다고 하지 않으셨다. 주님은 우리가 왕국의 열쇠를 가지고 있으므로 지옥의 문들이 우리를 이길 수 없다고 말씀하셨다.

> 또 내가 네게 이르노니 너는 베드로라 내가 이 반석 위에 내 교회를 세우리니 음부의 권세가 이기지 못하리라 내가 천국 열쇠를 네게 주리니 네가 땅에서 무엇이든지 매면 하늘에서도 매일 것이요 네가 땅에서 무엇이든지 풀면 하늘에서도 풀리리라 하시고(마 16:18-19)

열쇠가 있으면 문을 쉽게 열 수 있기 때문에[23] 문을 붙잡고 씨름하지 않아도 된다.

바로 이것이 열쇠다. 그분이 떡을 가지고, 축사하고, 떼어 그들에게 주었다. 그들의 눈이 떠졌다. 이는 우연히 일어난 일이 아니다.

> 이르시되 내가 고난을 받기 전에 너희와 함께 이 유월절 먹기를 원하고 원하였노라 내가 너희에게 이르노니 이 유월절이 하나님의 나라에서 이루기까지 다시 먹지 아니하리라 하시고 이에 잔을 받으사 감사 기도 하시고 이르시되 이것을 갖다가 너희끼리 나누라 내가 너희

에게 이르노니 내가 이제부터 하나님의 나라가 임할 때까지 포도나무에서 난 것을 다시 마시지 아니하리라 하시고 또 떡을 가져 감사 기도 하시고 떼어 그들에게 주시며 이르시되 이것은 너희를 위하여 주는 내 몸이라 너희가 이를 행하여 나를 기념하라 하시고 (눅 22:15-19)

예수님은 똑같은 일을 여러 번 반복하셨다!

저녁이 되매 제자들이 나아와 이르되 이곳은 빈 들이요 때도 이미 저물었으니 무리를 보내어 마을에 들어가 먹을 것을 사먹게 하소서 예수께서 이르시되 갈 것 없다 너희가 먹을 것을 주라 제자들이 이르되 여기 우리에게 있는 것은 떡 다섯 개와 물고기 두 마리뿐이니이다 이르시되 그것을 내게 가져오라 하시고 무리를 명하여 잔디 위에 앉히시고 떡 다섯 개와 물고기 두 마리를 가지사 하늘을 우러러 축사하시고 떡을 떼어 제자들에게 주시매 제자들이 무리에게 주니 (마 14:15-19)

예수님은 떡덩이 다섯 개와 물고기 두 마리를 가지셨다. 그리고 축사하신 후 떼어 제자들에게 주셨다. 엠마오로 가던 두 제자에게도 똑같이 하셨다! 그렇지 않은가? 예수님은 이 일을 매번 똑같은 방식으로 거듭 행하셨다. 그것에 능력이 있었기 때문이다.

떡을 나누어줄 때마다 행하신 이 일을 통해 예수님은 자신이 이 땅에 오신 목적을 말씀하셨다.[24] 예수님은 축복을 해주기 위해서만 오신 것이 아니라 잡히고 깨뜨리고 깨지며 내어주기 위해서도 오셨다.

　예수님이 행하거나 가르치신 일들 중 한 부분만을 가지고 그것을 복음이라고 붙잡고 있어서는 안 된다.[25] 믿음의 메시지만 골라서 예수님이 오실 때까지 거기에 매달려 있을 수는 없다. 중보 기도가 복음의 전부라고 하거나, 예배와 찬양이 복음의 핵심이라고 해서도 안 된다. 이 모든 것이 복음을 구성하는 중요한 요소라고 하더라도 예수님은 "미련하고 선지자들이 말한 모든 것을 마음에 더디 믿는 자들이여"라고 말씀하실 것이다. 그리스도는 먼저 고난을 받으셔야 했고, 그 뒤에 자신의 영광에 들어가셨다.

　예수님은 10킬로미터를 걷는 동안 말씀하신 모든 것을 식탁에 앉아 선포하셨다.

모세

> 이에 모세와 모든 선지자의 글로 시작하여…(눅 24:27)

　모세라는 이름에는 '선택받은' 또는 '건져내어진'이라는 의미가 담겨있다. 모세는 나일 강에서 건져낸 자다. 하나님이 그를 건지셨다.[26]

　모세는 바로의 딸에게 입양되어 이집트의 이인자가 되었다.[27] 당시의 모든 과학과 예술에 통달하도록 교육을 받았고[28] 점성술과 수학에도 능통했다. 모세는 인간이 가질 수 있는 최고의 지식을 갖추었다.

그는 왕의 말을 타고 왕의 마차를 몰았다. 그렇게 하나님은 모세를 축복하셨다.

어느 날 모세는 자기 동족인 히브리 사람이 이집트 사람에게 매를 맞는 것을 보고[29] 그 이집트 사람을 죽여 모래 속에 파묻어버렸다. 하지만 동족을 위해 무언가를 했다는 사실에 뿌듯함을 느낄 겨를도 없이 모세는 목숨을 부지하기 위해 도망쳐야 했다.[30] 그 후로 40년 동안 그는 사막에서 양 떼를 치는 여자들 곁에서 양들에게 물을 먹이는 일을 도우며 지냈다.[31] 모세는 왕궁을 떠나 사막 귀퉁이에서 비천한 일을 하는 처지로 전락하였다. 하나님이 그를 깨뜨리신 것이다.

우리는 이런 일을 잘 이해하지 못한다. 하나님이 우리를 어두움에서 건져내어 기이한 빛으로 이끄실 때 우리는 기뻐하며[32] 하나님이 축복해주셔서 행복하다고 느낀다. 하지만 하나님이 우리를 깨뜨리고자 하실 때는 그것을 하나님의 섭리로 이해하지 못하고 하나님이 우리를 버리셨다고 생각한다.[33]

교회에 다니는 많은 사람이 하나님과 동행하고 기도하고 말씀을 듣지만 그분을 아는 사람은 별로 없다. 그들은 순서를 따르지 않기 때문에 하나님의 목적을 이루기에 부족하다. 그들은 하나님께 자신을 받으시고 축복을 달라고 졸라대다가 막상 시련이 닥치면 "아니! 이런 일에 대한 말씀은 들어본 적이 없어!"라고 외친다.

모세는 미디안에서 양을 치며 40년을 지내다가 바로의 궁전으로 가서 "내 민족을 가게 하라!"고 요구했다.[34] 하나님은 그를 이스라엘 민족의 인도자이자 구원자로 세우셨다.

하나님은 당신을 깨뜨리시고 나서야 당신을 세우실 것이다. 당신이 깨뜨려지기를 원치 않는다는 것은 영광스럽게 되기를 거부하는 것이다. 고통을 겪지 않고는 권능을 받을 수 없다.[35] 그렇게 함으로써 당신은 하나님의 뜻을 저버리는 것이다.[36]

다윗

> 또 그의 종 다윗을 택하시되 양의 우리에서 취하시며 젖양을 지키는 중에서 그들을 이끌어 내사 그의 백성인 야곱 그의 소유인 이스라엘을 기르게 하셨더니(시 78:70-71)

목동 다윗이 어미 양을 돌보고 있을 때 형 엘리압이 와서 그를 선지자 사무엘에게로 데려갔다. 다윗은 형제들 중 막내였지만 하나님은 맏이 엘리압이 아니라 다윗을 택하셨다.

어린 소년 다윗이 거인 골리앗을 죽이자[37] 사람들은 사울 왕보다 다윗이 낫다고 칭송하는 노래를 불렀고[38] 다윗은 왕의 식탁에 앉게 되었다.[39] 하나님은 다윗을 축복하셨다.

다윗은 자기를 죽이려고 하는 사울 왕을 피해 15년간 도피 생활을 해야 했다.[40] 다윗이 다스리던 도시를 누군가가 불태우고[41] 다윗의 아내들을 잡아갔다.[42] 다윗의 부하 600명이 다윗을 돌로 치려고 하기도 했다.[43] 하나님이 그를 깨뜨리신 것이다.

하나님은 다윗을 유다와 이스라엘에게 주셨고[44] 그에게서 메시아가 나게 하셨다.⁴⁵⁾ 하나님이 그를 세우셨다. 이것이 떡을 떼는 순서다.

요셉

하나님은 임신하지 못하던 라헬을 통해 기적적으로 요셉을 낳도록 하셨다.⁴⁷⁾

요셉은 해와 달과 별들이 자기에게 절을 하는 꿈을 꾸었다.⁴⁷⁾ 아버지 야곱은 다른 형제들보다 요셉을 더 사랑해서 그에게만 채색 옷을 입혔다.⁴⁸⁾ 야곱은 축복을 누렸다.

형들이 요셉을 팔아넘겼다.⁴⁹⁾ 요셉은 보디발의 집에서 종으로 일하다가⁵⁰⁾ 감옥에 갇히기도 했다.⁵¹⁾ 그는 깨뜨려졌다.

하나님은 그를 다시 일으키셨다. 요셉은 자신의 가족뿐 아니라 많은 민족을 기근에서 구해냈다.⁵²⁾ 하나님은 이스라엘 민족에게 요셉을 주셨다.

하나님이 들어 쓰신 사람들은 누구나 위대한 일을 행하는 능력을 부여받는 과정에서 일정한 순서를 따랐다. 그들이 고난을 피하려고 했다면 하나님께 쓰임을 받지 못했을 것이다.

사람들은 이런 과정을 원하지 않는다. 그저 영광만을 원할 뿐이다. 그들은 십자가는 말고 왕관만을, 고난은 빼고 치유와 감동만을, 기도는 없이 칭찬과 존경만을 달라고 요구한다. "미련하고 선지자들이 말한 모든 것을 마음에 더디 믿는 자들이여…"

'믿음 좋은' 사람들은 늘 하나님이 하실 일들을 이야기한다. 하지만 그들은 하나님이 어떤 사람을 축복하신 다음에는 그 사람을 들어 쓰기 위해 깨뜨린다는 것은 받아들이지 않는다. 그 순서는 하나님이 그 사람을 쓰기 위해 세우신 뒤에도 계속 반복된다. 하나님은 그 사람을 더 높은 수준으로 끌어올리기 위해 그를 택해서 축복하시고 조각내어 나눠주시는 과정을 계속 반복하신다.[53]

하나님은 떡을 떼는 과정을 통해 자신을 드러내셨다.

✱✱✱ 5장 미주

1) 요 14:9
2) 창 3:15
3) 마 15:14; 눅 6:39; 요 9:41; 계 3:17-18
4) 마 23:25
5) 마 23:27
6) 계 19:11
7) 계 19:15
8) 눅 1:32
9) 시 22:28; 딤후 4:18; 시 103:19
10) 창 37:24
11) 창 39:20
12) 창 39:1
13) 빌 4:19
14) 요삼 1:2
15) 딤전 6:9-10; 골 3:2; 마 6:19-21
16) 딤후 3:12
17) 딤후 2:12; 롬 6:5
18) 요 15:13
19) 요 3:2
20) 막 2:2
21) 벧전 2:25
22) 히 11:1
23) 계 1:18
24) 눅 24:26; 행 17:3
25) 마 4:4
26) 출 2:9-10
27) 히 11:26
28) 행 7:22
29) 출 2:11
30) 출 2:15
31) 출 2:17
32) 벧전 2:9
33) 욥 2:9
34) 출 5:1
35) 히 12:8
36) 눅 7:30
37) 삼상 17:46, 51
38) 삼상 18:7-8
39) 삼상 20:5
40) 삼상 23:25-26
41) 삼상 30:1
42) 삼상 30:5; 삼하 3:14-16
43) 삼상 30:6
44) 삼하 5:5
45) 막 12:35-37
46) 창 30:22-24
47) 창 37:9
48) 창 37:3
49) 창 37:28
50) 창 39:1
51) 창 39:20
52) 창 41:57
53) 고후 3:18

6장

완성
제대로 고난받기

The Finished Work
Suffering Successfully

Perceiving the Wheel of God

6장 완성 제대로 고난받기

The Finished Work
Suffering Successfully

우리는 하나님으로부터 오는 것들을 기쁨으로 받아야 한다.[1] 축복을 기쁘게 받기는 쉽지만 때로는 받아들이기 힘든 것들도 있다.

> 내가 그 둘 사이에 끼었으니 차라리 세상을 떠나서 그리스도와 함께 있는 것이 훨씬 더 좋은 일이라 그렇게 하고 싶으나 내가 육신으로 있는 것이 너희를 위하여 더 유익하리라 내가 살 것과 너희 믿음의 진보와 기쁨을 위하여 너희 무리와 함께 거할 이것을 확실히 아노니 내가 다시 너희와 같이 있음으로 그리스도 예수 안에서 너희 자랑이 나로 말미암아 풍성하게 하려 함이라 오직 너희는 그리스도의 복음에 합당하게 생활하라 이는 내가 너희에게 가 보나 떠나 있으나 너희가 한 마음으로 서서 한 뜻으로 복음의 신앙을 위하여 협력하는 것과 무슨

일에든지 대적하는 자들 때문에 두려워하지 아니하는 이 일을 듣고
자 함이라 이것이 그들에게는 멸망의 증거요 너희에게는 구원의 증
거니 이는 하나님께로부터 난 것이라 그리스도를 위하여 너희에게
은혜를 주신 것은 다만 그를 믿을 뿐 아니라 또한 그를 위하여 고난도
받게 하려 하심이라 너희에게도 그와 같은 싸움이 있으니 너희가 내
안에서 본 바요 이제도 내 안에서 듣는 바니라(빌 1:23-30)

이러므로 나의 매임이 그리스도 안에서 모든 시위대 안과 그 밖의 모
든 사람에게 나타났으니(빌 1:13)

예배는 명확히 구별되는 몇 개의 단계로 구성된다. 첫 단계로 하나
님께 무언가를 드려서 우리의 감사를 표현하는 것이 필요한데 이것이
기도다.2) 기도에는 주님의 주 되심과 우리를 위해 하신 일들에 대해
감사드리는 것이 포함된다. 기도는 지극히 사적이고 개인적인 감정을
바탕으로 우리 자신을 하나님께 올려드리는 행위다. "예수님, 사랑합
니다. 저를 받아주시기를 원합니다. 주님께로 나아갑니다. 빛으로 이
자리에 함께하시는 주님께 감사를 드립니다." 자신을 하나님께 올려
드리는 것 자체가 감사를 표현하는 일이다. 우리는 주님과 더불어 먹
고 주님은 우리와 더불어 잡수신다. 기도는 하나님을 바라보도록 우
리를 부드럽게 어루만지시고 우리의 마음 문을 두드리시는 하나님의
손길이다.

> 볼지어다 내가 문 밖에 서서 두드리노니 누구든지 내 음성을 듣고 문
> 을 열면 내가 그에게로 들어가 그와 더불어 먹고 그는 나와 더불어 먹
> 으리라(계 3:20)

다음 단계는 찬양이다. 우리는 목소리를 높여 외친다.[3] 노래가 끝날 때마다 우리는 "할렐루야, 예수님. 감사합니다. 주님은 위대하십니다. 주님께 영광을 올립니다. 하나님을 찬양합니다. 하나님은 위대하시며 극진히 찬양받으시기에 합당하십니다"[4]라고 외친다.

때로는 찬양이 습관이 되어 온전한 찬양을 드리지 못하는 경우도 있다. 찬양이 생후 6개월 수준에 머물러 있기도 한다. 그리스도인으로 거듭난 후 6개월 동안 배운 것만으로 평생 우려먹으며 같은 찬양을 반복하는 것이다.

기도하고 찬양할 때 하나님의 말씀을 활용해야 한다. 하나님의 말씀에는 영적으로 감동을 주는 힘이 있다.[5] 시편과 신약의 귀한 말씀들을 외우는 것이 좋다. 하나님의 말씀은 살아있어서[6] 찬양할 때 말씀을 인용하면 새로운 감동을 많이 경험할 수 있다.

말씀을 활용한 찬양을 하는 것은 다이너마이트를 사용해서 산에 커다란 동굴을 뚫는 것과 같다. 다이너마이트를 쓰지 않으면 삽으로 흙을 일일이 파내야 하지만 다이너마이트를 터뜨리면 순식간에 깊고 넓은 굴이 만들어진다. 닫힌 문을 열어젖히고 찬양이 더욱 풍성해지도록 하나님의 말씀을 사용하라.

예배의 세 번째 단계는 주님 안에서 즐거워하는 것으로 이는 오늘

날의 예배에서 가장 부족한 부분이다.

1. 감사, 개인적 기원_ 예배의 첫 단계는 주님이 우리에게 어떤 분이고 우리가 주님께 어떤 존재인지를 느끼는 것이다.
2. 찬양, 큰 소리로 주님을 찬송함_ 예배의 두 번째 단계는 주님이 누구이신지 아는 시간이다.
3. 즐거움_ 세 번째 단계에는 성령 안에서 춤추고 웃는 것과 같은 기쁨의 행동이 포함된다. 신령한 웃음이 여기에 해당된다.

나의 고모부

내가 처음 참석한 부흥 집회는 웨스트버지니아에 있는 고모부의 교회에서 열린 집회였다. 고모부는 모든 면에서 무척 느렸다. 지능이 떨어지거나 장애가 있었던 것이 아니라 그냥 행동이 느렸다. 고모부는 걷는 것도 느렸고 말하는 것도 느렸고 모든 행동이 느렸다. 고모부는 결혼하는 것도 느려서 35살의 늦은 나이에 33살의 고모와 결혼했다. 고모도 행동이 느렸다.

그런 고모부가 빨라질 때가 있었다. 고모부는 20명 정도의 교인을 대상으로 목회를 시작했는데 교회가 부흥하자 교인 수가 150명으로 늘어났다. 예배당 공간이 부족해서 예배당 밖에서 창문을 들여다보며 예배를 드리는 사람들도 있을 정도였다.

부흥은 장례식으로부터 시작되었다. 때로는 장례식을 통해 좋은 일들이 일어나기도 한다. 장례식에 참석한 사람들이 교회에 출석해서 세례를 받을 때 성령이 그들에게 임하셨다.

고모부는 사람들이 하나님께로 돌아오는 것을 무척 기뻐하며 의자에 앉아서 몸을 앞뒤로 흔들어댔다. 며칠 사이에 엄청나게 많은 사람이 성령을 받는 일이 일어났다. "예수님, 감사합니다. 감사합니다"라고 기도하던 고모부는 갑자기 말을 멈추더니 "이것보다 훨씬 더 큰 찬양을 드리고 싶다"고 외쳤다.

그 순간 고모부에게서 신령한 웃음이 터져 나왔다. 고모부는 앉아 있던 의자에서 굴러 떨어져 바닥에 누운 채 "하! 하! 하! 하! 하! 휴! 후! 후! 히! 히! 하! 하! 하!" 하며 웃었다.

나는 고모부가 그렇게 웃는 게 무서웠다. 정신이 나간 것 같아서 걱정스러웠다. 그냥 키득거리며 웃는 정도가 아니라 바닥에 누운 채로 배를 움켜잡고 웃었다. 웃으면서 몸을 웅크렸다가 펴기도 하고 좌우로 구르기도 하고 앉았다 누웠다 하기도 했다. 고모부의 행동을 보고 사람들은 무언가가 잘못 됐다고 생각할 수도 있겠지만 사실 그것은 말로 표현하는 수준을 뛰어넘어 하나님께 예배하는 행동이었다. 고모부의 영이 드리는 예배가 몸으로 표현된 것이다.

주님 앞에서 춤을 추는 것도 마찬가지다. 춤으로 예배하는 것은 감정을 조절하지 못하고 압도당하는 것 이상이다. 그동안 우리가 풍성한 예배라고 했던 것들이 사실은 영적으로 침체된 상태였다. 발을 구르고 의자에서 떨어지는 행동을 꼭 해야 하는 것은 아니다. 영으로부터 나와서 몸으로 표현되는 찬양을 할 때 주님 안에서 즐거움을 누릴 수 있다. 이것이 아름다운 예배다.

성경은 몸으로도 주님을 예배하라고 언급한다.[7] 예배란 그저 손뼉을 치고 손을 들어 올리는 것이 아니라 다른 사람들이 어떻게 생각할지 전혀 신경 쓰지 않고 마음과 영혼에서 우러나오는 표현을 하는 시간이다.

성령은 모든 금기를 뛰어넘는 분이다. 그래서 성령세례를 받는 순간 옆에 있는 사람이 누구든 상관하지 않고 끌어안는 행동을 하게 된다. 하지만 며칠 지나면 다시 체면을 차리는 상태로 돌아온다. 성령세례를 받을 때는 천국에서 누리게 될 것들은 물론 교회에서 누릴 수 있는 것들을 경험한다. 교회는 주님이 우리에게 물려주신 유산이다.

에베소서 1장에서 바울은 에베소 교회를 위해 세 가지를 기도한다고 했다.

1. 주님의 부르심의 소망이 무엇인지 알기를[8]
2. 성도 안에서(천국에서가 아니라) 주님의 유산의 풍성한 영광이 무엇인지 알기를[9]
3. 믿는 우리에게 주신 주님의 능력이 지극히 크심을 알기를[10]

하나님의 사랑은 성령님을 통해 우리 마음에 부어진다.[11] 하지만 하나님의 사랑은 제대로 된 예배를 드릴 때에만 우리 마음에 역사하신다.

성경은 우리가 성령 안에서 다음과 같은 것들을 가지고 있다고 말한다.

1. 의로움_ 의로움으로 인해서 우리는 마음에서 우러나오는 찬양을 담아 "하나님, 저를 정결하게 해주세요. 주님의 보혈이 저를 덮으실 수 있음을 믿고 주님께 영광을 올립니다"라는 기도와 감사를 드릴 수 있다.
2. 평강_ 하나님께 영광을 올려드릴 때 하나님의 평강이 우리 마음에 넘쳐흐른다.
3. 희락_ 즐거움.

의로움, 평강, 희락이 성령 안에 있다.[12]

의로움은 기도와 감사가 넘치는 예배를 가능하게 한다. 에베소 교회가 알아야 했던 의로움이 바로 주님의 부르심의 소망이다. 개인적인 기도와 감사는 주님이 어떤 분인지에 대한 우리의 마음과 우리가 주님께 어떤 존재인지를 표현하는 것인데 그 핵심은 주님이 우리를 의롭게 하신 것이다.[13] 우리는 예수 그리스도 안에서 하나님의 의가 되었다.

하나님께 영광을 올려드리면 하나님의 평강이 우리 마음에 흘러넘친다.[14] 주님은 나중에 천국에서 받을 유산이 아니라 지금 성도들 안에서, 즉 교회에서 받는 주님의 유산의 영광스러움이 얼마나 풍성한지를 에베소 교회가 알기를 원하셨다.

하나님은 그들이 희락도 알기를 원하셨다. 희락은 믿는 우리에게 주시는 하나님의 능력이 얼마나 큰지 알 때 누릴 수 있다. 세 번째 단계인 희락에는 성령 안에서 웃고 춤추는 것도 포함된다. 희락을 통해 능력을 누릴 수 있다. 주님으로 인해 기뻐하는 것이 우리의 힘이다.[15]

예배에는 개인적인 기도가 있어야 한다. 하나님께 영광을 올려드리는 것도 있어야 한다. 주님 안에서 즐거워하기도 해야 한다. 그것은 주님께 말씀을 드리는 것 이상이어야 한다. 예배에는 슬픔과 문제를 초월하고 극복하는 진정한 기쁨과 행복이 있어야 한다.

성경은 환란 중에나[16] 시험을 당할 때나[17] 불 시험을 당할 때도[18] 즐거워하라고 가르친다. 주님의 고난에 참여하게 된 것을 즐거워하라는 것이다.[19] 그러므로 우리는 즐겁게 고난을 받는 방법을 배워야 한다. 그렇지 않으면 우리의 예배는 불완전해진다.

의로움은 회개[20]와 피 흘림[21]과 거듭남의 과정[22]을 통해 온다. 의무감에서 하나님의 일을 하고 하나님께 찬양을 드리는 예배는 첫 단계에 머무는 예배다. 기도의 단계에서 우리는 "하나님, 주님을 사랑합니다. 하나님, 제가 여기 있습니다. 이 시간 저희를 정결하게 해주세요. 할렐루야! 예수님, 감사합니다"라고 한다.

외치고[23] 노래하며 손뼉 치는[24] 열광적인 찬양으로 주님의 이름을 찬미하는 단계로 들어가 예배하는 사람은 별로 없다. 많은 사람이 의로움을 유지하는 수준의 예배에 머물러 있으려고 한다. 이런 사람들은 지옥에 가지 않기 위해서 하나님을 섬긴다. 이들은 전도하고 간증하지 않으면 죽은 믿음이 된다고 생각하기 때문에 어쩔 수 없이 그렇게 한다. 이들은 하나님이 의무를 강요하는 분이라고 생각해서 의로움의 단계를 뛰어넘어 찬양과 지극한 영광과 즐거움으로 가득 찬 예배를 드리지 못한다. 이처럼 너무나 많은 사람이 하나님을 향한 개인적인 기도와 의무를 다하는 마음에만 한정된 예배를 드리고 있다. 그들은 "하나님, 이번 주에도 주님을 실망시킨 적이 많음을 고백합니다. 하지만 주님은 주님을 위해 살기를 간절히 원하는 제 마음을 아실 줄 압니다"라고 기도한다. 이런 사람들은 예수님의 보혈에 나타난 하나님의 은혜와 자비가 그들의 모든 죄악과 부족함을 덮고도 남을 만큼 크다는 것을 믿지 못해서 "하나님, 주님은 위대하시고 극진히 찬양받기에 합당하신 분입니다.[25] 할렐루야! 산들이 예루살렘을 둘러싼 것같이 주님이 그 자녀들을 둘러싸고 계십니다"라고 고백하는 단계로 들어가지 못한다.

 찬양은 보통 교회에서 행해지는 것처럼 개인적인 것이 아니다. 찬양은 개인적인 감정을 넘어 회중의 일부가 되기까지 고양되어간다. "회중 안에서 주님을 찬양하겠습니다"라는 고백처럼 찬양은 우리가 각자 드리는 것이 아니라 다른 사람들에게로 흘러넘쳐 함께 나누며 퍼져나간다. 교회는 영광스러운 찬양으로 하나가 될 수 있다. 고난을 받고 견뎌내야 한다는 것과 우리가 감당할 것을 알기 때문에 우리는 주님을 찬양하며 그분께 감사를 드릴 수 있다. 우리는 "예수 그리스도 안에서 신령한 삶을 사는 사람은 누구나 박해를 받는다. 나는 고난을 기쁘게 받아들인다. 나는 하나님을 위해 살기로 오래전에 결심했다. 어려움이 많겠지만 이겨낼 것이다. 고난에 대해 염려하거나 초조해하지 않겠다. 이것이 하나님의 뜻이므로 그렇게 하겠다"고 고백하며 평안을 누릴 수 있다.

대부분의 사람은 그리스도인으로서 이런 경험을 하는 것이 고통스럽다고 느낀다. 하지만 그것을 이겨내고 한 단계 앞으로 나아가면 고통에 무감각해지는 법을 배울 수 있다. 남들이 뭐라고 하든 상관하지 않고 하나님을 위해 살 수 있게 되는 것이다.

사도들과 초대교회 성도들은 매를 맞고 박해를 당할 때[26] 그것을 기쁨으로 여기며[27] 주님의 고난에 동참할 수 있음으로 인해 즐거워했다.[28] 그들은 "고통을 참기가 힘들어. 하지만 참아야 해. 그렇지 않으면 구원받지 못할 거야"라거나 "그리스도인의 삶이 원래 이런 것이므로 고통을 참아야만 해"라고 하지 않았다. 오히려 "그래, 예수님이 맞으셨던 것처럼 그렇게 맞자. 주님이 겪으신 고난을 조금이라도 더 경험하고 싶어. 그렇게 해서 신령한 즐거움을 맛보기를 원해"라고 고백했다.

> 이 존귀는 아무도 스스로 취하지 못하고…(히 5:4)

어떤 사람도 스스로 하나님을 위해 무언가를 한다고 주장할 수 없다. 하나님이 인정하고 부르신 사람만이 하나님의 일을 할 수 있다. 그럴 때에만 순결하고 정직하며 절대적인 권위로 사역을 하여 회중에게서 영광스럽고 신령하고 성스러운 반응을 이끌어낼 수 있다.

사도적 교회는 회복되어야만 한다. 그러려면 하나님이 말씀하시고 사역하시도록 해드려야 한다. 하나님이 일하시는 것을 막는 우리의 불평과 말다툼을 멈춰야 한다. 하나님이 그분의 교회에게 늘 바라셨던 대로 하나님을 받아들이고 자신을 내어드리는 정직한 자리로 나아가야 한다. 그곳이 바로 우리가 바닥까지 다다라본 적이 없는 깊은 강이요 통과해보지 못한 운하다. 그곳은 사역과 회중 사이를 완전한 신뢰와 정직한 삶을 통해 연결하는 통로로서, 하나님이 일하신다는 것을 확신할 수 있는 곳이다. 거기서 하나님은 우리를 돌보시고 우리와 함께 일하시며 우리는 하나님께 우리의 가장 좋은 것을 드린다. 이를 통해 교회에 평강과 큰 은혜가 넘치고 불화와 혼란이 제거된다.

교회가 고난이라고 생각하는 것의 대부분은 우리가 견뎌낼 수 있는지를 시험해보기 위한 일시적인 시련에 불과하다. 우리에게 주어지는 시험은 우리가 성령을 받았는지 또는 거짓된 삶을 사는지를 확인하기 위한 것만은 아니다.

> 대제사장마다 사람 가운데서 택한 자이므로(히 5:1)

> 그가 무식하고 미혹된 자를 능히 용납할 수 있는 것은 자기도 연약에 휩싸여있음이라 그러므로 백성을 위하여 속죄제를 드림과 같이 또한 자신을 위하여도 드리는 것이 마땅하니라(히 5:2-3)

누구도 자신을 위해서 택함을 받지 않는다. 하나님이 그분의 일을 하도록 누군가를 택하실 때 그 사람은 다른 사람들을 위해서 선택을 받는 것이다. 연약함으로 둘러싸여있는 사람만이 대제사장직을 수행

할 수 있다. 그런 사람은 연약함, 고난, 슬픔을 그에 적합한 심령으로 견뎌내는 법을 알고 있다. 주님의 고난에 기꺼이 동참하지 않는다면 우리는 그리스도를 대신하여 하나님과 사람을 화목하게 할 수 없다.[29] 우리는 주님의 고통을 통해 구속함을 입었다.[30]

모세는 적합한 심령의 좋은 예다. 모세는 평생 하나님과 동행하며 이스라엘 백성을 이끌었다. 그는 하나님의 음성을 듣기까지 흔들림 없이 사역을 해나갔다. 모세는 하나님이 불 손가락으로 돌판에 사람이 살아야 하는 길을 새겨 넣으시는 것을 보기까지 참고 견뎠다.[31] 그는 여호수아에게 영광스러운 기름 부음을 넘겨주기까지 사역을 계속했다.[32] 그 뒤를 이어 여호수아가 요단 강을 건너 가나안 땅을 정복해 나감으로써 여호수아는 모세가 하나님으로부터 받아 그에게 넘겨준 사명을 성공적으로 이어갔다.

고라는 이스라엘 백성의 왕자 중 한 명으로서 200명의 왕자를 이끌었다.[33] 그는 왕자들이 우러러볼 만한 용맹한 지도자가 될 수도 있었지만 고난을 제대로 받지 못했다. 다른 사람들과 마찬가지로 그도 식량 부족과 험난한 여정으로 고생을 했다. 백성의 왕자 중 한 명으로서[34] 고라는 모세나 다른 지도자들과 같은 정도의 큰 압박을 받고 있었고 지도자로서 자신의 책임과 의무가 얼마나 막중한지 잘 알고 있었다.

고라는 여호수아처럼 될 수도 있었다. 그는 백성의 왕자였고 위대한 지도자였지만 고난이 닥쳐와서 힘을 내야 했을 때 그는 200명의 왕자와 더불어 불평을 하기 시작했다. 그들은 모세를 향해 "우리를 이

런 광야로 끌고 와서 죽이려 한다"며 불평을 쏟아놓았다.[35]

하나님은 언제나 사람들 속에 성공을 이루신다. 하나님의 나라는 의욕이 부족해서 어깨를 축 늘어뜨린 영성에는 맞지 않는다. 하나님의 복음은 항상 우리에게서 최상의 존재를 만들어낸다.[36] 우리가 열심히 해서 성공하겠다고 다짐하고 다양한 성공 비법을 배워서 실천한다고 해도 신령한 그리스도인의 삶을 사는 것보다 더 나은 성취를 할 수는 없다. 그리스도인으로 사는 것이 세상에서 가장 의욕적인 삶이다.

고라는 고난을 받는 데 있어 성공적이지 못했다. 그가 모세를 찾아간 이유는 문제가 있었기 때문이었다. 그는 고난을 받고 있었다. 다른 사람들과 마찬가지로 그에게도 무거운 짐이 얹어졌다. 고라는 하나님의 사람 모세를 향해 불만을 쏟아 부으며 "당신이 우리를 죽게 하려고 먹을 것 하나 없는 이 광야로 데려왔습니다"라고 외쳤다.

하나님이 모세에게 "거기서 물러서라"고 하신 후 땅이 갈라져 불평하던 모든 사람을 삼켜버렸다.[37]

우리가 받는 압박은 다른 사람들도 다 받는 것이다. 하지만 우리는 자신에게만 고난이 닥친다고 생각하는 경향이 있다. 하나님이 그분의 영광을 위해 우리를 쓰고자 하신다면, 우리가 하나님의 쓰임을 받는 영적인 계보를 잇고자 한다면 우리는 제대로 고난받는 법을 배워야 한다. 그 이유는 성령을 받았음을 입증하기 위해서가 아니라 고통받는 사람들을 제대로 돌보고 돕기 위해서다.

설교를 듣고 무릎을 꿇고 기도하고 찬양을 드린다고 해서 모든 것을 얻을 수 있는 것은 아니다. 하나님의 깊은 임재 속으로 들어가는 것은 고난을 제대로 받을 때에만 얻을 수 있다. 고난을 제대로 받는 데 도움이 되는 기술은 다음과 같다. "하나님이 주신 것이므로 이 고난을 통과하겠다"라는 마음으로 첫 번째 단계에 들어간다. "구원을 받으려면 고난을 견뎌내야 함을 알기에 이 고난을 통과하겠다"라는 마음으로 두 번째 단계에 들어간다. "그래, 나는 고난을 안심하고 받아들인다"라는 마음으로 평정을 유지한다.

하지만 신약의 사도가 말한 대로[38] 고난을 통과할 때 우리가 영적으로 이해하게 되는 것이 있는데 그것이 바로 예배다. 하나님의 영광을 위해 고난이 필요한 이유를 이해하는 것보다 더 하나님께 영광이 되는 것은 없다. 그것을 이해하게 되면 "지금 내가 받는 것과 같은 고난을 받으면서도 그것을 이겨낼 힘과 용기가 없고 누구에게 도움을 청해야 할지 막막해하는 사람들을 조만간 만나게 될 것이기 때문에 나의 고난을 하나님께 감사드린다. 하나님이 이런 고난을 주지 않으셨다면 그들을 어떻게 도와야 할지 알지 못했을 것이다. 나는 좋은 대제사장이 될 수도 없었을 것이고 고난을 주시기 전까지는 하나님이 나를 택하여 쓰지 못하셨을 것이다."

…너희가 그리스도의 고난에 참여하는 것…(벧전 4:13)

예수님을 닮기 원한다고 우리는 말한다.[39] 하지만 예수님의 어떤 부분에 대해서는 닮기를 원하지 않는다. 못과 가시관 같은 것 말이다.[40]

> 그는 멸시를 받아 사람들에게 버림받았으며 간고를 많이 겪었으며
> 질고를 아는 자라 마치 사람들이 그에게서 얼굴을 가리는 것같이 멸
> 시를 당하였고 우리도 그를 귀히 여기지 아니하였도다(사 53:3)

우리를 무시하는 사람을 우리는 미워한다. 도움을 주고 함께하기를 간절히 원하는 당신에게 "싫어"라그 하는 사람보다 당신의 자존심을 더 상하게 하는 사람은 없다. 아이들은 거절을 당할 때 엄청나게 두려워한다. 거절당하는 것은 인생에서 가장 두려운 일에 속한다. 그리스도인이 된다는 것은 사람들과 떨어져 있어야 할 경우가 있음을 의미하기 때문에 비참하고 무서운 일이라고 느끼는 사람들도 있다. 하나님과 사람을 떼어놓는 가장 근본적인 요인은 하나님을 향해서 구별되어있지 않으려는 태도다. 하나님과 동행하고자 한다면 복음을 향해 구별되어있어야 한다.

> 그러므로 너희는 그들 중에서 나와서 따로 있고 부정한 것을 만지지
> 말라…너희에게 아버지가 되고 너희는 내게 자녀가 되리라 전능하신
> 주의 말씀이니라 하셨느니라(고후 6:17-18)

사람들은 교회가 훈육하는 것을 싫어한다. 그들은 따라야 하는 삶의 기준을 싫어해서 목사가 무엇을 하라 마라 하거나 어디를 가라 마라 하거나 옷차림에 대해 이야기하는 것을 원치 않는다. 어떤 사람들은 거부당할지도 모른다는 생각 때문에 복음을 어느 정도 따르는 듯

하다가 반발해버린다. 그들은 육체의 일들[41]을 넘어서고 세속적이고 이기적이고 현란한 것들[42]을 없애버리기 위해 회중에게 무언가가 주어졌음을 이해하는 높은 경지까지 올라본 적이 없다. 하나님의 사람들은 세상과 구별될 수 있어야 한다. 영과 혼과 육의 차원에서 교회에 속한 사람들은 세상 사람들과 무언가가 항상 구별된다. 예수 그리스도의 교회는 세상의 사람들과 같지 않다.

훈육은 수치스럽지만 받아들여야만 하는 것이 아니라 꼭 해야만 하는 것이다. 훈육이 영광스러운 희락을 제공하는 영광스러운 계시의 한 부분임을 깨달을 때 "주님이 십자가에 못 박히고 채찍질당한 그 고난에 동참하는 기회가 주어져서 매우 기쁘다"라는 고백을 할 수 있다.

나는 누군가가 지나가면서 나를 놀려댄다면 그것은 나에게 하나님을 향해 구별된 무언가가 있다는 의미이므로 기뻐할 것이다.[43] 구원받는 데 필요하지 않다고 해도 주님을 기쁘시게 하기 위해 할 수 있는 모든 것을 할 것이다.[44] 최소한이 아니라 최대한으로, 이류가 아니라 일류로 노력할 것이다.[45] 나는 구원만 받고 싶지는 않다. 나는 복음 사역자가 되기를 원하고, 하나님이 나를 쓰시기를 원한다.

나는 즐거움만을 원하는 것이 아니라 고난을 통해 즐거움을 배우기를 원한다. 내가 서서 말씀을 선포하는 이 자리에 하나님이 오셔서 나를 높이시기 때문에 즐거움을 누리게 되는 것이 아니다. 사람들은 "하나님, 저는 너무나도 부족합니다. 예수님, 저에게로 오셔서 저를 도와주시기를 간구합니다. 제가 계속 나아갈 수 있도록 저를 도와주실 것을 믿고 감사드립니다"라는 기도를 응답받아 "휴! 주님의 임재가 느껴

져. 기분이 훨씬 나아졌어"라고 말하는 상황이 기쁨을 누리는 것이라고 생각하는 경향이 있다. 그래서 자신이 승리하게 도와달라는 기도를 하고, 더 좋은 것들을 누릴 수 있도록 머리에 손을 얹고 기도해달라고 목사님에게 요청한다.

사람들은 고난을 피해가고 싶은 마음이 너무 큰 나머지 사도적 예배의 단계로 들어가지 못하고 그 이전 단계에서 맴돌고 있다는 사실을 깨닫지 못한다. 사도적 예배를 드리기 위해서는 "예수님, 사랑합니다. 예수님, 찬양합니다"라고 고백하는 것만으로는 부족하다. 예배의 세 번째 단계에 이르기 위해서는 등에 채찍을 맞은 상태에서도 한밤중에 손과 발을 뻗어 하나님께 찬양을 드릴 수 있어야 한다.[46] 그런 예배를 드릴 때 감옥을 뒤흔들 수 있다. 예배에 능력이 나타나지 않는 이유는 예배드리는 사람들이 제대로 고난을 받는 법을 배운 적이 없기 때문이다. 두통이 있을 때 하나님을 의지하지 않고 진통제만 찾으면서 어떻게 죽은 사람을 살리고 휠체어에 앉은 사람을 일어서게 하는 능력을 기대할 수 있겠는가?[47]

두 번째 단계의 예배를 드리면서 이렇게 말하는 것이 필요하다. "이건 단지 몸의 문제가 아니야. 나의 주인은 내가 아니라 하나님이셔. 나는 나를 위해 사는 것이 아니라 하나님을 위해 살아야 해. 나는 내 것이 아니라 하나님의 것이야. 나는 하나님의 자녀이고, 하나님은 나보다 나를 더 잘 돌보셔. 지금 일어나는 일들이 전혀 납득되지는 않지만 틀림없이 하나님이 나를 위해 무언가를 행하신다고 믿어. 그것을 잘 알지도 못하고 이해할 수도 없지만 그래도 기뻐하며 하나님을 찬양할 거야." 이 정도쯤 되면 다음 단계의 문 앞에까지 다다랐다. 이제 "예수님, 감사합니다. 할렐루야! 감사합니다, 주님"이라고 외쳐라.

쇼를 하라고 말하는 것이 아니다. 당신의 영이 알고 있는 것이 드러나도록 하라는 것이다. "하나님 나라의 일을 하는 데 필요하기 때문에 주님이 이런 고난을 나에게 허락하셨을 거야. 지금 이 고난은 내가 곧 만나서 도움을 주게 될 사람이 겪는 고난과 연관이 있을 거야."

> 또한 이와 같이 그리스도께서 대제사장 되심도 스스로 영광을 취하심이 아니요 오직 말씀하신 이가 그에게 이르시되 너는 내 아들이니 내가 오늘 너를 낳았다 하셨고 또한 이와 같이 다른 데서 말씀하시되 네가 영원히 멜기세덱의 반차를 따르는 제사장이라 하셨으니(히 5:5-6)

예수님은 하나님의 아들이고 완전한 분이셨기 때문에 기도할 필요도 없고 울 일도 없었어야 하는 것이 아닐까?

> 그는 육체에 계실 때에 자기를 죽음에서 능히 구원하실 이에게 심한 통곡과 눈물로 간구와 소원을 올렸고 그의 경건하심으로 말미암아 들으심을 얻었느니라(히 5:7)

예수님은 그분이 누구에게 말을 하고 있는지 아셨다. 예수님은 아버지와 연결되어있었고[48] 하나님의 뜻을 행하셨다.[49] 예수님은 장자의 권리를 가지고 계셨다.[50]

이것이 또 다른 단계인 권위를 전수하는 것이다. 예전에는 가장이 늙으면 손을 아들에게 얹어서 그가 집안의 머리가 되게 했다. 야곱이 손을 엇바꾸어 얹어서 요셉의 둘째 아들 에브라임이 장자권을 받고 첫째 아들인 므낫세는 배제되었다. 요셉이 "아버지, 손을 잘못 얹으셨습니다"라고 하자 야곱은 "아니다. 내가 알고 그렇게 한 것이다"라고 대답했다. 야곱이 오른손을 얹은 에브라임이 장자권을 전수받았다.[51] 가부장 제도에서 권위의 전수는 큰 영향력이 있었다.

예수님은 제사장의 가문에서 장자권을 이어받아 태어나셨다. 그분은 하나님의 아들이라고 불리셨다.[52] 그분은 성부 하나님의 아들이었고 제사장의 아들이었다.

예수님은 그렇게 부름을 받으셨지만 "아들이시면서도 받으신 고난으로 순종을 배운"[53] 바로 그분이 되도록 하기 위해 하나님은 예수님에게 손을 얹으셨다.

✻✻✻ 6장 미주

1) 사 12:3
2) 빌 4:6
3) 시 132:16
4) 시 48:1, 96:4
5) 벧후 1:21
6) 요 6:63
7) 막 12:30
8) 엡 1:18
9) 엡 1:18
10) 엡 1:19
11) 롬 5:5
12) 롬 14:17
13) 고전 1:30
14) 빌 4:7
15) 느 8:10
16) 롬 5:3
17) 약 1:2
18) 벧전 4:12-13
19) 벧전 4:13
20) 롬 2:4
21) 마 26:28
22) 요 3:3, 5
23) 시 5:11, 32:11, 35:27
24) 시 47:1
25) 시 48:1; 96:4
26) 행 16:25; 5:40
27) 약 1:2
28) 벧전 4:13
29) 고후 5:20
30) 눅 23:32-49
31) 출 31:18; 신 9:10
32) 민 27:18-23
33) 민 16:1-2
34) 민 16:1
35) 민 16:13
36) 빌 3:14
37) 민 16:21
38) 마 5:10-12; 행 5:41
39) 롬 8:29
40) 빌 3:10
41) 갈 5:19-21
42) 골 3:8
43) 마 5:44
44) 골 1:10; 요일 3:22
45) 빌 3:13
46) 행 16:25
47) 출 15:26; 시 103:3
48) 요 17:21
49) 눅 22:42
50) 창 25:31-34
51) 창 48:13-19
52) 마 3:17; 17:5
53) 히 5:8

7장

완성
기름에서 금으로

The Finished Work
From the Oil to the Gold

Perceiving the Wheel of God

7장 완성
기름에서 금으로

The Finished Work
From the Oil to the Gold

머리에 기름 부음을 받을 때 다윗은 자신이 왕위에 오르기까지 15년이라는 긴 세월이 걸리게 될 줄은 꿈에도 생각하지 못했을 것이다. 하나님의 사람 사무엘이 노쇠하여 떨리는 손으로 다윗의 머리에 기름을 부었을 때로부터[1] 15년이 지나서야 다윗은 왕좌에 앉을 수 있었다.[2] 그 기간 동안 그는 토끼처럼 가시덤불 사이로 쫓겨 다녔다. 블레셋 사람들에게 잡혀 죽지 않기 위해 미친 사람 행세를 하기도 했고[3] 블레셋 군대와 합세하여 하나님의 백성과 전쟁을 하려고 한 적도 있었다.[4] 목숨을 부지하기 위해 도망 다니다가 동굴에 숨기도 하고[5] 몰래 요나단을 만나기도 했다.[6]

다윗에게 무엇이 잘못 되었던 것일까? 그는 왕이 되어 하나님의 쓰임을 받도록 되어있는 사람이었다. 그가 15년 동안의 고난을 제대로 통과하지 못했다면 어떻게 되었을까? 한 10년쯤 고생하다가 이렇게 생각했다면 어떻게 되었을까? "계속 이렇게 살 수는 없어. 이런 식으로 하면서까지 왕이 되고 싶지는 않아. 이럴 바에는 시글락에 정착해서 사는 게 낫지. 나를 따르는 이 사람들은 충성스러우니까 내가 무엇을 하든 나를 도우며 함께할 거야. 미쳐서 발작을 하며 악사들을 향해 창이나 던지는 사울 왕에게로 가서 그의 자리를 뺏어 왕이 될 필요는 없지. 나는 더 이상 이렇게 살지 않을래. 내가 원하는 방식대로 내 작은 왕국을 세워 내 삶을 제대로 살아볼 거야."

하나님이 다윗에게 뜻을 정하셨을 때 거기에는 고난도 포함되어있었다. 다윗은 왕위에 오르자마자 먼저 다리 저는 요나단의 아들 므비보셋을 찾았다.[7] "나는 약한 것을 싫어했었다. 싸움을 감당하지 못하는 사람을 보면 참을 수가 없었다. 하지만 이제는 그 다리 저는 소년을 내 식탁에 앉히고 싶다. 식사를 할 때마다 그의 마비되고 비틀어진 다리를 보기를 원한다." 목장에서 머리에 기름 부음을 받고 나타난 이 건장하고 혈색 좋은 사나이에게 무슨 일이 일어난 것일까? 다윗은 15년 동안 도망치고 떠돌아다니며 험난한 인생길을 통과하는 고난을 겪으면서 어디서도 얻을 수 없는 중요한 무언가를 전수받은 것이다. 그리하여 다리 저는 소년을 찾아 식사 자리에 함께 있게 하는 수준의 사람이 되었다.

이해력이 떨어지는 사람들을 비웃고 조롱하는 것을 보면 정말 마음이 아프다. 설교자들도 종종 멍청한 짓을 하는 사람들에 대해 농담을 한다. 하나님의 사역과 설교는 그런 수준을 넘어서야 한다. 어떤 사람들은 전혀 이해를 못한다. 그들에게 신도는 십일조를 내는 사람들이고 성도는 교회에 출석하는 사람들이다. 그들은 주님이 오실 때까지 성도와 여러 사역자들에게서 얻어낼 수 있는 것들을 얻어내며 어울려 지낸다. 하지만 이것은 하나님의 뜻에 맞는 사역이 아니다. 하나님의 사역은 성장의 장을 마련해서 우리가 "하나님 안에서 그리스도의 장성한 분량에까지 자랄 수 있도록 하는 것"이다. 우리는 하나님의 나라에 유익한 존재가 될 수 있다. 누구나 하나님의 복음과 고난에 합당한 소명과 사역을 성취할 수 있다.

> 하나님께 멜기세덱의 반차를 따른 대제사장이라 칭하심을 받으셨느니라(히 5:10)

히브리서 저자는 금식하고 기도하며 담대하게 하나님을 찾는 목사들과 신도들이 많이 경험하는 것과 관련된 내용을 다룬다. "여러분이 이미 여러 번 들었던 이야기라는 것을 압니다. 그래서 듣는 것이 지치고 피곤하고 무덤덤하겠지만 그래도 다시 한 번 이야기합니다. 여러분은 선생이 되어있어야 하는데 아직도 하나님의 말씀의 초보적인 단계에 대해 누군가에게 가르침을 받아야 할 처지입니다"[8]라고 저자는 지적한다. 안수는 도의 초보에 속한다.[9] 저자는 그들이 "고기를 먹는 어른"이 아니라 "젖을 먹는 어린아이"라고 했다.[10] "초보적인 것을 넘어서서 계속 성장해가야 합니다.[11] 하나님의 일을 하려면 성령님에게로 뛰어들어야 합니다. 기쁨과 즐거움은 배울 수 있는 것이 아닙니다."

　즐거움은 교회에 있을 때 억지로라도 즐거운 표정을 짓는 따위의 피상적인 것이 아니다. 주님의 기쁨은 말로 설명할 수 없다. 그것은 하나님이 고난을 허락하신다는 것을 깨달았을 때 우리의 영혼 깊숙한 곳에서 느껴지는 크고 깊은 감정이다. 고난은 하나님이 심술궂어서 무언가 좋지 않은 것을 당신에게 얹어놓으시는 것이 아니다. 하나님은 당신의 삶 속에 고난을 허락하신다. 그분이 울타리를 뽑으시고[12] 종기가 나게 하시며[13] 바람이 몰아치게 하시고[14] 불이 모든 것을 태워 없애게 하신다.[15] 전능하신 하나님은 시험받는 다른 사람들을 내가 도울 수 있으려면 나에게 무엇이 필요한지 잘 아시기에 두통에서부터 집이 무너지는 것에 이르기까지, 차가 긁히는 것에서부터 장례식에 이르기까지 내 인생에 다양한 고난이 있게 하신다.[16]

　우리는 고난을 제대로 통과해야 한다. 야고보 사도는 불 시험이 올 때 "온전히 기쁘게 여기라!"[17]고 했지 "뒤로 물러서서 버텨라. 언젠가 이해하게 될 날이 올 것이다"라고 하지 않았다. 물러서서 버티는 것은 두 번째 단계에 머무는 것이다. 사도들은 언제나 최상의 위치에 서있었다. 그들은 전력을 다해서 세 번째 단계로 돌진하면서 "여러 가지 시험을 받을 때 온전히 기쁘게 여기라"고 외쳤다.

　베드로 사도는 불 시험을 "이상하게 생각하지 마라"[18]고 당부했다. "이런, 하나님이 나를 떠나신 건 아닐까? 하나님이 내 기도를 들으실까? 예전에 하나님에 대해 느꼈던 감정을 다시 느낄 수 있을까? 내가 구원받지 못한 것은 아닐까?"라고 생각해서는 안 된다. 베드로 사도

는 우리가 말하는 것을 하나님의 말씀에 맞추어야 한다고 분명하게 선포했다.[19]

> 오직 너희는 그리스도의 복음에 합당하게 생활하라…(빌 1:27)

시험이 올 때 육체를 따라 말을 해서는 안 된다. "왜 이런 일이 일어나는지 모르겠어. 하나님이 우리를 돌보아주실 거라고 믿었는데. 5년 동안 꼬박꼬박 십일조도 잘 했는데"라는 식으로 말하지 마라. 가만히 생각해보라. 하나님은 우리가 스스로에 대해 아는 것보다 우리를 훨씬 더 잘 아시고[20] 우리에게 필요한 것이 무엇인지에 대해서도 훨씬 더 잘 아신다. 입을 열어 하나님을 찬양하라. 고난을 제대로 받는 경지에 다다르면 다음과 같이 말할 수 있다. "나는 이해할 수 없지만 하나님은 다 이해하신다고 믿어. 이 정도는 견뎌낼 힘이 있다고 생각해주시는 하나님께 무척 감사해. 이 고난을 견뎌내서 승리하면 나는 더 강해질 거야. 그래서 하나님을 더욱 사랑하게 되고 영적으로 승리하는 사람이 될 거야. 할렐루야!" "하나님은 내게 무슨 일이 일어날지 다 알고 계셔. 내가 두 번째 단계를 통과하지 못하면 세 번째 단계로 나아갈 수 없겠지. 내가 지금 이 고난을 감당하지 못하면 다음 단계의 고난도 감당하지 못할 거야. 나는 이 고난을 잘 견뎌내야 해."

> …너희가 주 안에서와 그 힘의 능력으로 강건하여지고…능히 대적하기 위하여 하나님의 전신 갑주를 입으라(엡 6:10-11)

예배의 어떤 부분은 고난을 통해 전해진다. 우리는 큰 재난을 겪고 나서야 우리에게 얼마나 감사할 것들이 많은지를 깨닫는다.

> 그리스도를 위하여 너희에게 은혜를 주신 것은 다만 그를 믿을 뿐 아니라 또한 그를 위하여 고난도 받게 하심이라(빌 1:29)

하나님은 그분을 믿고 복음을 받는 것은 물론 그분을 위해 고난을 받게 하고자 우리를 부르셨다. 신약의 말씀 중 100구절 이상이 주님을 위해 고난당하는 것을 언급한다.

> 그러므로 예수도 자기 피로써 백성을 거룩하게 하려고…고난을 받으셨느니라 그런즉 우리도 그의 치욕을 짊어지고…그에게 나아가자 (히 13:12-13)

우리는 하나님을 믿고 구원을 받는 것 이상을 요구받고 있다. 구원과 고난은 같이 주어지는 것이기에 하나님은 우리가 구원받는 것을 넘어 고난을 감당하는 법을 배울 것도 기대하신다.

사람들은 누구나 고난을 받는다. 부자도 가난한 사람도 모두 고난을 받는다. 고난당하는 이유는 사람마다 다르지만 고통의 정도는 대체로 비슷하다. 가난하지만 행복한 사람도 있고 부유하지만 불행한 사람도 있다. 가난하면서 불행한 사람도 있고 부유하면서 행복한 사람도 있다. 사람마다 기뻐하고 고통스러워하는 이유가 다르다. 어떤 사람을 행복하게 하는 것이 다른 사람에게도 행복이 된다는 보장은 없다. 수영을 좋아하는 사람도 있고 낚시를 좋아하는 사람도 있다. 쇼핑을 좋아하는 여자도 있지만 아기 돌보는 것을 좋아하는 여자도 있다. 죄인은 괴로움과 고통을 겪지만 어떤 것에도 희망을 걸고 의지하지 못한다.

사도 바울은 "만일 내가 가진 것이 이 세상의 삶뿐이라면 나는 모든 사람 가운데 가장 불쌍한 사람일 것"[21]이라고 말했다. 바울은 다소 시에 있는 여러 학교에서 교육을 받은 사람이고[22] 가말리엘의 문하에서 훈련받아[23] 유대교의 율법에 정통한 사람이었다. 그는 영적으로나 지적으로 당대 최고의 교육을 받았고 로마 시민권을 가진 유대인으로서 세상에서 가장 좋은 것들을 누렸다. 그는 유대인들에게는 자신이 바리새인[24]이라고 말할 수 있었고 로마 사람들이 있는 곳에서는 "조심해. 저 사람은 로마 시민이야"[25]라는 말을 들었다. 그는 천한 유대인들과 함께 감옥에서 지내기도 했고 식민 통치를 하는 로마인들과 더불어 지내기도 했다. 이렇듯 이 세상에서 머리를 높이 들고 다닐 수 있는 위치에 있었는데도 바울은 이 세상의 삶이 전부라면 자신은 불쌍한 사람이라고 주장한다.

우리도 다른 사람들과 마찬가지로 돈은 쓰면 없어지고 여름에 시원하게 지내려고 에어컨을 틀면 전기료를 내야 한다. 욕을 해대고 침을 아무데나 찍찍 뱉는 이웃 사람의 집과 마찬가지로 우리의 집에도 해충들이 들어올 수 있다. 이 세상에 살면서 문제가 없는 사람은 없다.[26] 그러나 그리스도의 고난은 살면서 누구나 겪는 고통과는 다르다.

구원받지 못한 사람들과 그리스도인들에게 고통은 한 가지 점에서 차이가 난다. 인생을 주관하시는 하나님은 그리스도인의 삶에서 그에게 유익한 방향으로 고통이 주어지도록 하신다. 하지만 구원받지 못한 사람들에게는 고통이 폭풍처럼 사방에서 온다.

> 그들이 바람을 심고 광풍을 거둘 것이라…(호 8:7)

구원받지 못한 사람들은 고통으로 인해 혼란을 겪지만 하나님이 고통을 주는 방식은 간결하고 합리적이고 이해할 수 있고 목적이 분명하며 직접적이다. 우리가 자신의 삶 전체를 온전히 하나님께 드릴 때 그분은 우리의 모든 기쁨, 슬픔, 희망, 꿈을 취하셔서 고성능 컴퓨터를 작동하듯 버튼 하나를 눌러 모든 것이 정렬되도록 하신다. 하나님은 모든 시험을 모아서 정렬해놓으시고 "네가 감당할 수 없는 것이 너에게 가지 않도록 할 것이다"라고 말씀하신다. 그리고는 또 다른 버튼을 눌러 모든 기쁨을 다른 한 쪽으로 모으고 우리에게 큰 슬픔이 닥칠 때마다 축복이 뒤따르도록 해놓으신다.

슬픔 뒤에는 기쁨을 주신다.[27] 애통 뒤에는 즐거움을 주시고 재를 쓴 뒤에는 화관을 쓰게 하신다. 하나님은 우리 삶에 일어나는 모든 일을 하나님의 뜻에 따라 조절하신다.

우리의 삶을 하나님께 드려 그분의 손에 맡기면 하나님이 뜻하지 않은 어떤 일도 우리에게 일어나지 않는다. "사나 죽으나 우리는 주의 것이다.[28] 주님이 주시고 주님이 가져가신다. 주님의 이름에 축복이 있다."29) 욥은 이 과정을 이해했다. 자신의 삶을 하나님께 내어드리지 않는 사람들에게 견디기 힘든 일들이 생기는 경우가 많다. 그런 사람들에게는 좋은 일들이 거의 일어나지 않는다. 이런 일들이 왜 일어나는지 이해하지 못하고 자살을 하는 사람도 있고 범죄를 저지르는 사람도 있으며 죽음 직전에 슬피 우는 사람도 있다. 이런 사람들의 삶에는 하나님의 뜻이 이루어지지 않는다.30)

우리가 축복의 수도꼭지를 틀고 "하나님, 당신이 저의 삶을 잘 이끌어주셨습니다. 이 모든 축복을 받기를 원합니다"라고 하면 우리의 삶은 큰 슬픔만이 가득하게 될 것이다. 고난은 하나님의 뜻이 아니라고 믿기 때문에 그리스도인들의 마음속에는 항상 슬픈 표정과 내면의 고독이 자리 잡고 있다. 우리는 많은 축복을 받고 그에 대해 하나님을 찬양하지만 고난을 통해 제대로 된 삶을 살겠다는 마음은 없다.

영혼으로부터 우러나오는 슬픔은 없이 축복만을 삼켜버렸기 때문에 우리의 삶에 축복이 고갈되었다. 슬픈 일이 닥치면 나는 "주님, 이 일을 통해 제가 강건해지고 같은 일을 겪는 사람들을 도울 수 있도록 해주셔서 감사합니다. 이 일이 제가 갖추어야 하는 것들을 얻기 위한 디딤돌이 될 줄 믿습니다"라고 기도한다.

하나님은 우리가 계획할 수 없는 일들이 우리 삶에 일어나도록 하신다. 그런 일들은 우리가 미처 알아차리지 못하는 사이에 번갯불같이 순식간에 일어나서 엄청난 문제 한가운데로 우리를 몰아넣는다. 문제가 다 처리된 다음에 "살아남은 것이 감사한 일이야. 하나님께 감사해. 하나님이 함께하지 않으셨다면 나는 아무것도 할 수 없었을 거야. 이렇게 견뎌내지 못하고 포기했을 거야. 이 자리에 이렇게 살아있지 못했을 거야"라고 고백할 수 있어야 한다.[31]

그런 상황에서 기뻐하는 것이 어떻게 가능한지 이해할 수 없더라도 우리는 살면서 겪는 비극적인 일들에 대해 하나님께 감사해야 한다. 우리가 그런 일들을 당하지 않았다면 하나님의 어루만지시는 손길을 느낄 수 없었을 것이다. 그때를 돌아보면서 "그 일이 나를 하나님께로 나아가게 했다"라는 고백을 할 수 있다.

집이 불타버렸거나 배우자나 자녀를 잃었을 때 사람들은 하나님께 나아온다. 마약에 중독되어 엄청난 돈을 허비하고 정신병동에 수용되어 무력감과 절망감에 빠져있다가 하나님께 나아오기도 한다. 알코올 중독자가 되어서 하나님께 나아오는 사람도 있다. 그런 사람의 삶에 하나님이 행하시는 일을 보고 그 가족들이 구원을 받기도 한다.

진정한 비극은 남들도 다 받는 고난을 받으면서 그런 일이 벌어진 것에 대해 앙심을 품거나 오해를 하는 사람들에게 일어난다. 그들은 오랫동안 고난을 잘 감당해왔지만 결국은 마귀의 유혹을 끝까지 이기지 못하고 굴복해버린다. 데마처럼[32] 그들은 모든 것을 포기하고 신앙을 져버린다. 그들은 "이게 다 무슨 소용이야? 하나님이 나를 돌보아주시지도 않는데 왜 내가 교회에 가야 해? 교인들도 나를 사랑하지 않아. 그 교회 사람들 중에는 나에게 나쁜 이야기를 하는 사람도 있어. 어떤 집사는 내 아이를 의자에 앉힐 때 너무 세게 밀어. 그런 대우를 받는 건 부당해"라고 말한다. 그들은 고난을 통해 더 강해질 기회를 놓친다. 활력 넘치는 최고의 영적 예배 단계로 올라가는 기회도 놓친다. 극도로 처참한 고난을 통해 하나님 안에서 즐거워하면서 더할 나위 없이 영광스러운 예배를 하나님께 드릴 수 있다. 하지만 그들은 고난을 제대로 통과하지 못해서 분노, 증오, 앙심, 반항, 저주, 악덕 등과 같은 육체의 열매들을 맺고 결국 이단과 난동에 빠져 패배하고 사멸하게 된다.

문제는 오래전부터 시작되었다—어딘가에서, 어찌어찌해서, 누군가에게 다른 누군가가 잘못을 저지른 것이다. 누군가가 잘못된 말을 했고 그것을 시작으로 그들의 영혼에서 무언가가 쏟아져 나와 계속 이어져 내려오게 되었다. 그들은 고통과 축복이 함께 온다는 사실을 잊어버렸다. 결국 그것이 걸림돌이 되어 그들은 사도적 예배를 드리는 수준으로 올라가지 못하고 망해버렸다.

어느 날 밤 집회 때 성령을 따라 춤을 추는 자그마한 자매를 본 적이 있다. 그 자매는 성령 안에서 즐겁게 웃으며 춤을 추었다. 통로 끝까지 춤을 추며 가서는 손뼉을 치고 다시 통로를 따라 춤추며 돌아오는 모습이 무척 은혜로워 보였다. 내 옆에 앉아있던 그 교회 목사님이 내 쪽으로 몸을 기울이더니 "저 자매가 우리 교회에서 제일 전도를 많이 한 자매입니다"라고 소개했다. '자신이 하나님께 인도한 그 많은 영혼으로 인해 저토록 기뻐하다니 정말 대단한 자매구나'라고 생각하며 목사님께 "저 자매의 가족들도 오늘 집회에 왔나요?"라고 물었다. 그랬더니 목사님은 "아닙니다! 저 자매의 남편은 알코올중독자예요. 그 사람은 저 자매가 예배에 참석하고 집에 돌아가면 매일 저녁 그녀를 때린답니다. 하나 있는 아들은 살인을 해서 감옥에 갔고요. 하지만 저 자매가 하나님을 만나고 나서는 그분을 예배하는 것이 어찌나 기쁜지 자신이 겪는 고통이 별것 아니라는 것을 알게 되었다고 합니다. 우리 교회에는 건강한 형제들이나 좋은 남편과 살고 있는 자매들이 많이 있지만 그 누구보다도 저 자매가 가장 많은 영혼을 하나님께로 인도했습니다. 그녀는 누구에 대해서도 선하고 친절한 말이 아니면 입 밖에 내는 일이 없습니다."[33] 목사님이 말을 마치며 "저 자매는 고난을 제대로 받을 줄 알게 된 겁니다"라고 했을 때 내 마음에 감동이 왔다.

  약함이 그녀를 둘러쌌기에 그녀는 대제사장으로 예배를 드릴 수 있는 경지로 올라설 수 있었다. 그럼으로써 무지하고 제 갈 길에서 벗어난 사람들을 도울 수 있게 된 것이다.

✱✱✱ 7장 미주

1) 삼상 16:13
2) 삼하 2:4
3) 삼상 27:1
4) 삼상 28:1
5) 삼상 24:3
6) 삼상 23:16
7) 삼하 9:1-6
8) 히 5:11-12
9) 히 6:1
10) 히 5:13
11) 히 6:1
12) 욥 1:10
13) 욥 2:7
14) 욥 1:19
15) 욥 1:16
16) 히 2:18
17) 약 1:2
18) 벧전 4:12
19) 벧전 3:8-13
20) 히 4:13
21) 고전 15:19
22) 행 21:39
23) 행 22:3
24) 행 23:6, 26:5; 빌 3:5
25) 행 22:25-29
26) 고전 10:13
27) 사 61:3
28) 롬 14:8
29) 시 104:28-29
30) 롬 12:2
31) 시 119:92
32) 딤후 4:10
33) 엡 4:29